Couvertures supérieure et inférieure manquantes.

ÉTUDES
DE GÉOGRAPHIE FÉODALE.

LES ARRIÈRE-FIEFS
DE LA
SEIGNEURIE DE GUÉMENÉ.

PAR M. L. GALLES,

Conservateur-adjoint du Musée archéologique.

Extrait du Bulletin de la Société polymathique du Morbihan. — 2e Semestre 1867.

VANNES
IMPRIMERIE DE L. GALLES, RUE DE LA PRÉFECTURE.

1868.

ÉTUDES DE GÉOGRAPHIE FÉODALE.

LES ARRIÈRE-FIEFS
DE
LA SEIGNEURIE DE GUÉMENÉ.

La géographie des grandes divisions féodales de l'évêché de Vannes est à peu près connue, grâce aux travaux de M. A. de La Borderie ; nous pensons cependant qu'il serait intéressant de rechercher les subdivisions de ce vaste réseau qui embrassait autrefois la France tout entière et qui subsista peut-être plus longtemps en Bretagne. La complaisance de M. l'archiviste de la préfecture nous a mis à même de faire des recherches dans le dépôt qui lui est confié et d'abord dans le fonds de Guémené. Nous nous sommes donc occupé premièrement des arrière-fiefs qui relevaient de la seigneurie de Guémené, sauf ensuite à continuer ce travail pour les autres fiefs de l'évêché de Vannes.

La seigneurie de Guémené proprement dite s'étendait sur les paroisses de Locmalo, Lignol, Ploërdut, Priziac, Saint-Tugdual, Persquen, Lescoët, la trève de Leshernin en Séglien, Silfiac et Langoëlan, ainsi que sur les quatre paroisses de Saint-Caradec-Trégomel, Plouray, Mellionec et Plouguernevel, qui étaient appelées la terre du Maréchal, parce qu'elles avaient appartenu au maréchal de Rieux, qui les avaient données à sa fille Louise de Rieux, épouse de Louis de Rohan, sire de Guémené. Nous avons cru devoir donner en outre, autant que possible, la liste des propriétaires des divers manoirs répandus dans ces paroisses, ainsi que leurs armes et les droits et prérogatives qu'ils s'attribuaient.

1

PAROISSE DE LOCMALO.

Seigneurie de Ménauray.

Le manoir de Ménauray, anciennement Menangroëz, appartenait, à la fin du XIVe siècle, à Jehan Caron, qui mourut le 22 octobre 1393. Il était possédé, en 1424, par Jehan Le Gentil, puis par Jehan de Tevonnenel, qui le laissa en douaire à sa veuve Jeanne de Rosmadec. Celle-ci se remaria à Jehan de Boiscon, et tous deux rendirent aveu pour Ménauray à Louis de Rohan, le 12 novembre 1496. Ce manoir appartenait, en 1512, à Bertrand de Cadillac, mari de Anne du Pou, puis à son fils Louis, qui épousa Marie de Quelen. Celle-ci, veuve en 1567, rend aveu au nom de ses enfants, Julien, Pierre et Louise de Cadillac, dont elle était tutrice. En 1575, un oncle de Julien, nommé Louis de Cadillac, continua cette tutelle et rendit au prince de Guémené de si importants services que nous ne croyons pouvoir mieux faire que de reproduire ici le mandement de ce seigneur.

« Louis de Rohan, prince de Guémené, comte des comtés de Monbazon et de Rochefort, baron des baronnies de Marigny, de Lemelly et de La Haye en Touraine, capitaine de cinquante hommes d'armes des ordonnances de Sa Majesté, à vous tous présents et à venir savoir faisons que, pour les bons et remarquables services que nous a faits et espérons que nous fera en l'avenir noble homme Louis de Cadillac, licentié en droit, alloué de la vicomté de Rohan, tant en son privé nom que comme curateur d'écuyer Julien de Cadillac, son neveu, sieur de Manaurès, à iceux leurs hoirs, successeurs et cause ayant; pour ces causes et en rémunération d'iceux et pour autres bonnes considérations à ce nous mouvant et désirant les gratifier en tout notre pouvoir comme nos bons vassaux et loyaux sujets, sous notre principauté de Guémené, avons donné, octroyé et concédé et par la teneur des présentes donnons, octroyons et concédons licence et permission de mettre, apposer et emplacer un banc et escabeau en forme d'accoudoir en notre église paroissiale de Locmallou, située au diocèse de Vennes, au duché de Bretaigne, pour en icelle ouïr la célébration du service divin, pour ledit escabeau y être et demeurer en perpétuité, et sera mis et apposé joignant un grand pilier de pierre qui est entre la nef ancienne de ladite église et la chapelle neuve d'icelle du côté de l'évangile qui se dit sur le maître et grand autel, et contiendra ledit escabeau 12 empans de longueur et 6 empans de largeur et non autrement, et sous celui escabeau permettons audit de Cadillac et leurs hoirs avoir des enfeus et mettre des tombes de pierre de taille à fleur et rès de terre pour leur servir et à leur postérité de perpétuelles sépultures prohibitives à tous autres. Aussi leur permettons mettre leurs écussons et armoiries au-dessous des nôtres en la vitre et verrine de ladite chapelle neuve et une ceinture et lisière par le dedans de ladite chapelle seulement lors et fois que les sieurs propriétaires ou d'armes dudit lieu de Manaurès décéderont et y seront inhumés et enterrés. Et si mandons et enjoignons très expressément à tous nos sujets les habitants en ladite paroisse et en notre ville de Guémené, pareillement à nos officiers de la justice audit lieu, chacun en droit soi de souffrir ledit de Cadillac et leurs hoirs jouir entièrement et paisiblement desdites prééminences sans que sur ce leur soit fait et donné aucun trouble ni empêchement directement ou indirectement en aucune manière que ce soit. Car ainsi nous plaît et voulons être fait, promettant si promettons en foi et parole de prince, tant pour nous que pour nos hoirs et successeurs, ne venir jamais au contraire, à la charge toutefois audit de Cadillac et leurs hoirs de tenir et relever de nous lesdites prééminences et supériorité comme de seigneur féodal.

« Donné au château du Vergier sous le cachet duquel usons pour notre propre nom et seing et scel de nos armes avec les seings de notre très chère épouse Léonor de Rohan et du comte de Monbazon notre fils aîné et notre secrétaire, le 15e jour du mois de janvier l'an 1577. »

La femme de Julien de Cadillac, Renée Fleuriot, était veuve avant 1613 et épousa en secondes noces Guillaume de Pluny. Celui-ci et sa compagne, tuteurs des enfants de Cadillac, rendent aveu, le 10 décembre 1613, et déclarent dans cet aveu qu'au nom de leurs mineurs ils ont « droit de tombes, escabeaux, prohibitifs à tous autres, en l'église paroissiale de Locmalo, y peuvent mettre leurs armes au dedans et au dehors de la neuve chapelle où lesdits banc et enfeus sont situés lorsque le décès advient au seigneur de ladite maison de Ménauray, avec un écusson desdites armes en la vitre de ladite chapelle neuve au-dessous des armes de mondit seigneur prince, outre ont lesdits seigneur et dame, audit nom, l'emplacement de deux ou trois tombes pour enterrement et enfeu desdits sieurs de Ménauray en l'église collégiale Notre-Dame de la Fosse audit Guémené, près et cotoyant la muraille de la chapelle de monsieur saint Antoine, jusques à l'endroit de la chaire faite et enlevée au corps de ladite muraille, auquel lieu et emplacement fut enterrée demoiselle Anne du Pou, femme et épouse de défunt écuyer Bertrand de Cadillac, vivant sieur dudit lieu de Ménauray. »

Vers le milieu du XVIIe siècle, Ménauray appartenait à Jean de Cadillac, et, en 1696, il était la propriété de Louis Le Gall du Cunflou, sieur du Pallevar. Son fils, Guillaume Le Gall, possédait Ménauray, Crenarz et Le Pallevar en 1729 et en 1750; enfin, en 1767, messire Louis-Marie-Joseph Le Gall du Cunflou rendait aveu à Jules-Hercule de Rohan, prince de Rohan et de Guémené, comme seigneur de Ménauray, Crenarz, Le Pallevar, Kriec, Praternel, Ménerbec, Kguelavan, Saint-Trichaux et autres lieux.

Manoir de Penhaër.

Ce manoir appartint aux seigneurs de Guémené jusqu'au 8 mars 1567, jour où Louis et Léonor de Rohan le vendirent à Denys du Fossé ; celui-ci le transmit, en 1613, à son fils nommé aussi Denys qui en rendit aveu le 7 décembre de cette année. Les deux du Fossé étaient conseillers du Roi au Présidial de Vannes. Quelques années après, Denys du Fossé vendit Penhaër à Bertrand Guesdon et à Anne Varz, sa femme, et en 1632, Louis Le Luhandre, sieur de Kbreff, tuteur de Josias, René et Louise Guesdon, rendit aveu en leur nom à Louis de Rohan. Josias Guesdon possédait Penhaër en 1646 et le transmit à sa fille Marie Guesdon, femme de Gilles de Kpezdron ; à la mort de ceux-ci, Amaury Le Ler et Renée Le Corre, sa compagne, sieur et dame de La Marre, tuteurs des enfants de Gilles Kpezdron, rendirent aveu au prince de Guémené. Le manoir de Penhaër appartenait, au milieu du xviiie siècle, à François-Joseph Manceaux, avocat à la cour, qui mourut en 1751 et dont la veuve, Marie-Vincente Hardy, rendit aveu au nom et comme tutrice de ses enfants devant les notaires de la cour de Guémené.

Manoir de Coatenic.

Le manoir de Coatenic ne nous est connu que par un aveu que rendit, en 1646, Pierre Barizy.

Manoir de Sainte-Christine.

Ce manoir appartenait aux seigneurs de Guémené dont l'un, Louis de Rohan, y fit bâtir une chapelle.

Manoir de Toulbodo.

Ce manoir appartenait, au commencement du xve siècle, à Jehan de Toulbodo, dont la veuve, Jeanne de Saint-Noay, rendait aveu en 1414 au nom et comme tutrice de son fils, Olivier de Toulbodo. Guillaume, de Toulbodo, un des successeurs d'Olivier, mourut en 1498, et le manoir passa entre les mains de Jehan, son frère puîné, qui mourut en 1509. Son fils Perrot ou Pierre rendit aveu le 25 février suivant, puis la terre de Toulbodo passa entre les mains de Jean Le Berre, dont la fille Marguerite était mariée, en 1573, à René Botcozel. Plus tard, en 1646, nous voyons la famille de Toulbodo rentrer en possession de son manoir patrimonial dans la personne de René de Toulbodo, sieur de Guidfos, et il est probable que les seigneurs de Guidfos possédèrent dans la suite ce domaine.

Fief de Locmaria-Longueville.

La seigneurie de Locmaria-Longueville était possédée par la famille du Parc, représentée par Jacques du Parc, en 1543, et par demoiselle Gabrielle du Parc, en 1620. Les sires de Guémené acquirent cette terre en 1651, et depuis elle fit partie de leur principauté.

PAROISSE DE LIGNOL.

Seigneurie du Cranno.

Ce domaine important, qui relevait du fief de Locmaria-Longueville, est remarquable par son étendue et par les prétentions de ses possesseurs, qui, maîtres plus tard de la terre de Kmerien, en Saint-Caradec-Trégomel, disaient ne relever que du duc de Bretagne pour ces deux terres, et s'obstinaient à ne pas vouloir payer le devoir de rachat aux seigneurs de Guémené. De là des procès interminables qui occupèrent le XVIe et presque tout le XVIIe siècles.

En 1460 et 1464, le Cranno appartenait à Henri Rouxel; son fils aîné, Pierre Rouxel, mourut en 1516, laissant l'héritage paternel entre les mains de son frère Alain. Celui-ci avait épousé Marie Le Gal, dame de Kmerien, et cette union mit sous une même main deux propriétés dont chacune avait une grande importance. Vincent Rouxel, fils d'Alain et de Marie, possédait en 1517 les manoirs du Stéro, de Penquesten, et de Restorgant; des tenues à Kgouleden, Soumeffin, Kgoazou, Kmadio, Rosangazio, Buguedou, Talguiou, Kbiguet, dont il rendait aveu à Louis de Rohan, de plus les manoirs de Kmerien et du Cranno qu'en 1537 il connaissait tenir ligement du Roi et dont il faisait aveu à la cour d'Hennebont. En 1540, ce même Vincent Rouxel possédait de plus le manoir de Kneuer en Lignol. Vincent mourut en 1557; il avait un frère et une sœur, Louis et Mathurine, et laissa un fils qui lui succéda et quatre filles. Louis Rouxel, fils de Vincent, rendit aveu en 1558 pour les terres de Stéro, Penquesten, etc., au sire de Guémené, et fit hommage au Roi pour Kmerien et le Cranno en la chambre des comptes à Nantes, le 13 avril 1559. Son fils aîné Louis épousa Louise de Baud, dame de Beaujollys, et mourut probablement sans enfants, puisque les biens de la famille passèrent à sa sœur Marguerite. Louise de Baud obtint plus tard de sa nièce Adelice un douaire après la mort de son mari. Marguerite Rouxel épousa N... de Baud, rendit aveu en 1568, soutint plusieurs procès contre les sires de Guémené et mourut en 1581, laissant ses domaines à sa fille Adelice de Baud, qui épousa en premières noces Louis de Fresay, sieur de Coëtcodu, et en secondes noces Prigent de Kméno. Celui-ci rendit aveu en 1584 pour Kmerien, le Cranno, Pellen, Kméno, Kiouen, Kverner, etc. (1), et mourut quelque temps après.

En 1591, nous rencontrons une espèce de procès-verbal fait à l'issue de la grand'messe de Lignol, où paraît un Zequias de la Saudraye, qui prend le titre de sieur du Cranno. Sans pouvoir nous rendre compte de sa présence à Lignol comme sieur du Cranno (à moins qu'il n'eût épousé

---

(1) Dans cet aveu il déclare que la dame de Kduel lui devait, chaque année, une livre de poivre, et un sac de cuir blanc, fermant à deux cordons.

une fille de Prigent de Kmèno), nous sommes heureux qu'il nous ait conservé une trace des prérogatives du seigneur dans l'église paroissiale. Ce Zequias de la Saudraye donc, qui habitait pour lors le château de Guémené « en raison des troubles » (la ligue), remontre aux paroissiens qu'il lui appartenait en l'église de Lignol « trois tombes au devant le grand autel et jouxte un escabeau et banc appelé la Table de Pâques, sur lesquelles tombes il y a apparence d'un banc et escabeau, étant lesdites tombes couvertes d'un plancher, et avoir en intention d'y mettre un nouveau escabeau, ce que lesdits paroissiens ont consenti, lui connaissant appartenir lesdites tombes, payant chacun an la rente ancienne que ses prédécesseurs seigneurs dudit lieu du Cranno, paient, qu'ils disent être la somme de dix sols monnaie, ce que ledit seigneur a voulu, lui apparaissant, voulant, veulent et consentent que ledit sieur du Cranno jouisse à l'avenir desdites tombes et escabeau au-dessus et qu'il fasse armorier lesdites tombes et escabeau de ses armoiries. »

En 1594, nous trouvons Maurice de Cosnoal et Louise Desportes, sa compagne, sieur et dame de la Villeneuve, Saint-Georges, Kmerien et le Cranno, ces deux dernières terres échues à Louise Desportes à cause de la succession et décès de défunte demoiselle Adelice de Baud. Elle possédait, outre ces manoirs, cinq villages tout entiers et beaucoup de tenues à domaine; elle avait de plus « cour et juridiction haute, basse et moyenne en laquelle elle a gibet et justice patibulaire à deux posts, et pouvoir de faire punir les hommes délinquants jusqu'au dernier supplice. »

Georges de Cosnoal, fils de Maurice, et Marguerite Desportes, sa femme, eurent un fils nommé aussi Georges dont le tuteur, Jérôme de Cosnoal, rendit aveu en 1651 en son nom. Hyacinthe, frère de ce second Georges et son héritier, nous apprend, par son aveu de 1667, qu'il possédait deux justices et patibulaires : l'un sur le haut de la montagne de Saint-Cado, en Saint-Caradec-Trégomel, avec un cep et un collier audit bourg, l'autre dans la paroisse de Priziac. Un autre aveu du même seigneur, daté du 25 janvier 1683, mérite une attention particulière en ce que, après avoir énuméré ses terres, tant dans les paroisses de Saint-Caradec et de Lignol, que dans celles de Ploërdut, Saint-Tugdual, Le Croisty, Priziac et Meslan, il nous donne une idée des droits féodaux dont jouissaient les seigneurs au XVIIe siècle. Voici un extrait de cet aveu :

« A cause desquelles terres et maisons nobles ledit sieur de Saint-Georges déclare devoir obéir au Roi, être seigneur fondateur de l'église paroissiale et du presbytère de Saint-Caradec-Trégomel et seul prééminencier de ladite église, dans laquelle église et au dehors d'icelle il n'y a autres armes que celles de sadite maison de Quermerien qui sont d'argent au chef de sable à trois quintefeuilles de gueules, 2. 1, (Rouxel) et avoir une chapelle prohibitive en l'église et chapelle de

Notre-Dame de Quernascleden, du côté de l'épître, située en ladite paroisse, où les armes de ladite maison de Quermerien y sont en relief tant au dedans qu'au dehors de ladite chapelle; être seul prééminent de la chapelle de Saint-Cado située en ladite paroisse; dans laquelle église paroissiale de Saint-Caradec il a ses tombes et enfeus dans le chœur de ladite église du côté de l'évangile et un banc au-dessus; un autre dans la chapelle de Saint-Pierre et Saint-Paul et un autre dans la chapelle de Saint-Sébastien et Saint-Roch, armoriés des armes ci-dessus. Comme aussi être seul prééminencier de la chapelle Saint-Patern située dans la paroisse de Saint-Tugdual, nommée la chapelle de Quermon. Déclare outre ledit sieur de Saint-Georges qu'à cause de sa terre et seigneurie du Cranno, il est en possession et jouissance de trois grandes tombes, bancs à queue et accoudoirs qui lui sont prohibitifs au chœur de l'église paroissiale de Lignol, lesquelles tombes sont armoyées des armes de ladite maison du Cranno, contenant six grands pieds de long, qui sont couvertes de son banc et accoudoir et que, dans la maîtresse vitre de ladite église de Lignol il n'a autres armes que celles de sadite maison du Cranno avec les alliances des maisons de Quermerien, de Guengat et de Quiris, savoir : du côté de l'évangile au haut de ladite maîtresse vitre, il y a deux écussons supportés par un ange, le premier d'azur à une fleur-de-lys d'or en chef et deux macles d'or en pointe; le deuxième parti, portant au 1 de K̄merien, au 2 écartelé, au 1 d'azur à 3 mains d'argent 2, 1, au 2 fascé d'or et de gueules de 6 pièces, sur lequeldit grand banc lesdites armes y sont aussi sur les accoudoirs; comme aussi être seul prééminencier dans la chapelle de Saint-Michel en ladite paroisse de Lignol, située proche le village de Saint-Nennec; qu'à cause de ladite terre et seigneurie du Cranno, avoir haute, basse et moyenne justice, jusqu'à punition de mort et extermination de vie, et faire fustiger les malfaiteurs et délinquants, et y avoir patibulaire à quatre posts dans les paroisses de Saint-Caradec et Priziac avec cep et collier dans ledit bourg de Saint-Caradec où s'exerce ladite juridiction, dans lequel bourg il a droit et est en possession d'y faire tenir trois foires et trois autres audit Saint-Cado, auxquels lieux il a aussi pouvoir d'y faire bâtir des halles. »

Hyacinthe de Cosnoal avait épousé Françoise Ermart qui était veuve en 1689. Le 12 janvier 1731, la cour et sénéchaussée royale d'Hennebont mit en possession Pierre-Hyacinthe de Cosnoal, Gabrielle de Guer, sa femme, et Louis-Marc de Cosnoal, son fils unique, des prééminences que nous venons de citer, prééminences qui étaient vivement disputées au sieur du Cranno par Louis-Constantin de Rohan, l'un des héritiers de Charles III de Rohan, prince de Guémené.

Louis-Marc de Cosnoal rendit aveu, en 1742, à la cour de Guémené, et laissa deux filles : Hyacinthe-Gabrielle, qui était mariée, en 1763, à Claude-René de Puris, sieur de Soulanges, et Anne-Marie qui épousa

N..... Erman, et dont la fille, Ursule-Cécile-Renée Erman, était, en 1771, la femme de Joseph-Annibal de Farcy.

Manoir du Coscrau.

Ce domaine que possédait, en 1394, Robin de Guernarpin, était, au commencement du XVe siècle, la propriété de Guillaume de Séguelien. Après la mort de Guillaume, le Coscrau passa à sa sœur Perronnelle, femme de Guillaume Le Govello, qui rendit aveu, en 1431, à Louis de Lopriac, receveur de la châtellenie de Guémené. Perronnelle mourut le 10 août 1449, et son fils Guillaume fit hommage le 18 janvier suivant. Guillaume ou Guyon Le Govello avait épousé Clémence de Kmain, et tous deux rendent aveu, en 1454, pour « le manoir et herbergement du Coscraff. »

Nous n'avons pu retrouver le nom de la fille de Guillaume Le Govello ; elle épousa un seigneur de Lantivy et porta sa terre de Coscrau dans cette ancienne famille.

Charles de Lantivy, petit-fils de Guyon Le Govello, rendit aveu à Louis de Rohan, sire de Guémené, le 15 juillet 1541 ; son fils Jehan, sieur du Coscrau et de Kvéno, lui succéda en 1560 et épousa Jeanne Chohan. Celle-ci, veuve en 1585, rendit aveu comme tutrice de son fils Louis, qui posséda le Coscrau jusque vers le milieu du XVIIe siècle. Sa veuve, Françoise Guiomar, fit hommage comme tutrice de son fils Louis-François de Lantivy. Nous nous arrêterons quelques instants à l'aveu rendu en 1663 par Louis-François de Lantivy, sieur du Coscrau, Randrecar, Le Val d'Heliec, Rulliac, etc. Ce seigneur s'inféode de « tous les droits de prééminence en l'église paroissiale de Lignol et chapelle de Saint-Yves, comme de bancs, escabeaux, accoudoirs, tombes enlevées et non enlevées au-dedans du chœur de ladite église de Lignol et principalement du côté de l'évangile, prohitivement à tous autres, et outre, droit de lisières et ceintures d'armoiries autour du chœur de ladite église de Lignol, tant dehors que dedans, et de vitres armoriées à leurs armoiries, tant en ladite église que chapelle de Saint-Yves. »

Louis-François de Lantivy mourut vers 1669, laissant à sa veuve, Florimonde de Caradreux, la tutelle de leur fils en bas âge. Ce fils était Claude-François que nous trouvons, en 1687, marié à Anne-Christine Lévêque, et dont le fils et héritier, Jean de Lantivy, mourut à La Flèche en 1703. Sa sœur Florimonde de Lantivy, marquise du Plessis-Bellière, dame des baronnies de Rostrenen, Le Coscrau et autres lieux, rendit aveu au prince de Guémené en 1725. Depuis cette époque, la suite des seigneurs du Coscrau nous échappe totalement, si ce n'est un Jean Nauduit que nous trouvons possesseur de ce manoir en 1756 et en 1771.

Manoir de Kerduel.

Jean Le Courhin, sieur de Kduel, rendit aveu pour ce manoir, en 1437, à Charles de Rohan, sire de Guémené, et Jeanne, sa veuve, vivait encore en 1440. Mais les traces de cette famille se perdent jusqu'en 1518, époque de la mort de Louis Le Courhin, sieur de Kduel. Quatre ans après, Morice de Baud nous apparaît comme tuteur d'Arthur Le Courhin, sieur de Kduel, qui épousa plus tard Marie de Coëteven, dame du Suillado. Cette Marie de Coëteven rendait aveu à Louis de Rohan, au nom de sa fille, Renée Le Courhin, qui possédait, avec Kduel, le manoir de Quenquiseven. Marie de Coëteven ne mourut qu'en 1589, laissant Kduel à son fils, Louis d'Outreville, sieur du Suillado, ce qui fait penser que Marie de Coëteven, après la mort d'Arthur Le Courhin, aurait épousé un d'Outreville, père de ce Louis. Louis d'Outreville posséda Kduel et Quenquiseven jusqu'à sa mort, époque à laquelle ses propriétés passèrent à son neveu Jean du Pérenno, sénéchal de Guémené. Gilles du Pérenno, sieur de Coëtcodu, hérita de Kduel, puis son fils Louis qui le transmit à sa sœur, Jeanne du Pérenno. Celle-ci était mariée, en 1689, à Pierre Le Vicomte, et leur fils, Charles-Yves Le Vicomte, tint Kduel de 1689 à 1757.

Manoir de La Villeneuve.

Nicolas Sylvestre, sieur de La Villeneuve, rendit aveu pour ce manoir, le 20 janvier 1426, et il vivait encore en 1431. Cette terre passa ensuite à Jehanne de Guernarpin, qui était veuve d'Olivier Gondery. En 1499, leur fille, Marie Gondery, épousa probablement Jehan de La Court, dont la fille Jehanne fournit aveu, en 1541, avec Philippe de Kouallan, son mari, pour le manoir et lieu de Villeneuve. Après la mort de Philippe de Kouallan, sa veuve resta en possession de La Villeneuve qu'elle transmit, à sa mort, à son petit-fils Louis, fils de Bastien de Kouallan. Louis rendit aveu, en 1609, à Louis de Rohan, sire de Guémené, et depuis cette époque nous n'avons rencontré aucun document sur les possesseurs de La Villeneuve.

Autres Manoirs en Lignol.

Le manoir de Menezambec paraît avoir été possédé par la famille de Koual, au moins dans la première moitié du XVIe siècle.

Le nom du manoir de Treslan ne nous apparaît qu'une fois, en 1573, époque à laquelle il était la propriété de Jacques de Guengat, sieur de Livinault, Bocpaden, Lozuly, etc.

Les manoirs de Saint-Nenec, Pentrifos et Kverner ou Kvern, appartenaient aux seigneurs de Kmerien et du Cranno.

Manoir de Quenquiseven.

Possédé en 1414 par Jehan Kmenec qui en rendait aveu à Charles de Rohan, ce manoir appartenait, en 1522, à Marguerite de Kguesangor qui épousa un Coëteven, sieur du Suillado. Leur fils, Bizien de Coëteven, possédait Quenquiseven en 1530, et le transmit à sa fille Marie qui, par son mariage avec Arthur Le Courhin, apporta Quenquiseven à cette famille.

Manoir de Kerouallan.

Le 14 août 1402, Henry de Kemar faisait aveu en son nom et comme garde naturel de ses enfants de tout ce qu'il possédait en la ville de Kgouallan et en ses appartenances. Trois ans après, cette propriété était à Jehan Boutouillic, mari de Catherine, fille d'Éon Goalou. En 1478, Philippe Dando, autrement Kouallan, avait acquis cette propriété et en faisait hommage à Guyon Le Govello, sieur du Coscrau, comme la tenant en ramage des seigneurs du Coscrau. Louis de Kouallan, fils de Philippe et mari de Plezon de Kriec, était mort avant 1522, laissant ses domaines à son fils Charles qui, en 1551, rendait aveu à Jehan de Lantivy, sieur du Coscrau et de Kvéno. En 1570, ce même Charles de Kouallan connaissait tenir son domaine de Louis de Rohan, sire de Guémené, et, le 8 janvier 1609, il rendait aveu pour la même terre avec son fils Louis. Vers le milieu du xviie siècle, nous trouvons un Jean de Kouallan, sieur dudit lieu, puis Louis-Charles, probablement son fils. Il paraît que, vers cette époque, le manoir de Kouallan avait été vendu ou était sorti de la famille pour une autre cause, puisque, par contrat en date du 8 novembre 1687, François de Kouallan, fils de Louis-Charles, et Marguerite de Becmeur, son épouse, avaient racheté ce domaine. Le fils de François, Jean-François de Kouallan, sieur dudit lieu, était marié, en 1727, à Anne Poulmic, et laissait, en 1751, ses possessions à son fils, Thomas-François de Kouallan, sieur dudit lieu et de Kgraix, qui vivait en 1761.

Manoir de Kergariou.

Ce manoir était possédé, en 1413 et 1427, par Robin Penderu et sa femme, Marguerite Picaud, qui, en 1434, après la mort de son mari, en rendait aveu au sire de Guémené, comme tutrice de son fils Robin. Ce second Robin Penderu possédait, outre le manoir dont nous nous occupons, ceux de Pentrifos et de Kbelterien. En 1506, Kgariou appartenait à Louis Fraval, sieur de Kgrom, par le décès de son père arrivé vers 1488. Puis ce domaine changea encore plusieurs fois de propriétaire, car nous le voyons, en 1540, à Jean Jégado et à Françoise de Kouallan, sieur et dame de Kollein, puis, en 1561, à Rolland Duplessix et Anne Fraval, sa compagne; en 1618, à leur fils Isaac

Duplessix et à son héritier Léon Duplessix; en 1680, il appartenait à Thomas Barisy; enfin, en 1751, nous trouvons, comme dame douairière de Kgariou, Marguerite-Ursule de Cambout.

Manoir de Menezmorvan.

Allain Robin possédait ce domaine en 1418, et depuis il passa aux du Pérenno, sieurs de Penanguen ou Penvern.

Manoir de Penderff.

Ce manoir, qui apprtenait dans l'origine aux sires de Guémené, fut vendu par l'un d'eux, en 1578, à Thomas Tuault, sieur du Pallevar. Son fils, Louis Tuault, le possédait en 1587, et il passa ensuite à la famille Le Gras par le mariage d'Isabeau Tuault avec maître Antoine Le Gras. Leur fils, Jean Le Gras, rendit avec sa mère le 20 décembre 1632, et en 1680, il était la propriété de Thomas Barisy.

Manoir de Kergrom.

Ce manoir relevait de la seigneurie de Locmaria-Lengueville, puis de celle de Guémené, lorsque les sires de Guémené l'annexèrent à leur fief.

En 1506, mourut Maurice Fraval, sieur de Kgrom; son fils Louis lui succéda et laissa ce manoir à François Fraval, son fils ou plutôt son frère. Bastien Fraval, sieur de Kgrom, de Kgariou et de Guernanhazic, fils de l'un des deux, mourut en 1559, laissant un fils nommé Louis, qui mourut la même année que son père, et deux filles : Perrine, qui épousa Pierre de Lezongar et mourut en 1567, et Anne qui fut mariée à Roland Duplessix à qui elle porta les domaines de Kgrom et de Kgariou après la mort de son frère. Anne Fraval mourut avant 1618, et son fils, Louis Duplessix, rendit aveu à Louis de Rohan pour Kgrom et Kgariou. Anne Duplessix, fille de Louis, épousa Vincent Moro, sieur de Kamon, qui était veuf en 1640; sa fille, Françoise Moro épousa Louis de Villeléon, sieur de la Vieuville, et le manoir de Kgrom passa dans la suite à la famille de Lantivy, puisque nous trouvons un contrat de vente fait en la juridiction de la baronnie de Rostrenen, par lequel dame Florimonde-Renée de Lantivy, marquise du Plessix-Bellière, dame des baronnies de Rostrenen, les îles Rostrenen en Plounevez-Quintin, Colniel, Ménorval, Le Coscrau, Kgaudu, Kgrom et autres lieux, vend la terre de Kgrom à messire René-François Berthou, chevalier, sieur de Tronscorff, et à dame Catherine Meusnier, son épouse. En 1748, Catherine Meusnier, alors veuve, rend aveu à Julie-Louise-Gabrielle de Rohan, épouse et curatrice de Hercule-Mériadec de Rohan prince de Guémené, tant en son nom qu'en celui de son fils, Jean-Jacques Berthou, sieur de Tronscorff. Celui-ci mourut en 1776, laissant ses héritages à son fils Juste-Albert-Irénée de Berthou, qui vivait en 1770.

Manoir du Cosquer.

Le 5 mai 1394, Robin de Guernarpin rend aveu à Charles de Rohan, sire de Guémené, pour toutes les terres qu'il tient en la ville du Cosquer. En 1413, le Cosquer appartenait à Alain de Guernarpin, probablement fils de Robin, et cet Alain fournit aveu en 1414 à Charles de Rohan; sa veuve, Péronnelle Le Tuscher, rend aveu en 1433 au nom de Louis de Guernarpin, son fils, dont elle était tutrice et nous avons deux aveux de Louis de Guernarpin datés de 1460 et 1478. Alain de Guernarpin, fils et héritier de Louis, mourut en 1503, et le manoir du Cosquer passa à Aliette, sœur d'Alain, mariée à Louis de Beaucours, fils d'Yvon de Beaucours, sieur de Kourhin. Louis mourut en 1553, laissant les terres du Cosquer et de Kourhin à son fils Yvon. Celui-ci épousa Jeanne Le Vestle qui lui apporta la terre de Kmarquer, et rendit aveu er 1540. Jeanne vivait encore en 1569 et, l'année suivante, son fils, Louis de Beaucours, possédait le Cosquer, Kourhin et Kmarquer. Ivon de Beaucours avait eu aussi une fille, Françoise de Beaucours qui, en 1548, était mariée à Augustin Le Voyer, sieur de Barach. Louis de Beaucours eut cinq enfants : Jean, l'aîné, qui mourut sans héritiers, et dont l'héritage passa à Bertrand, son frère puîné, qui décéda en 1650. Des trois filles de Louis de Beaucours, la première, Guyonne, épousa Louis Hervé et lui porta le manoir de Kmarquer, la seconde, Claude, était femme, en 1623, d'un sieur de Kgoët, et la troisième, Jeanne, est seulement nommée. Nous trouvons, en 1632, un Olivier de Beaucours, sieur du Cosquer, qui était peut-être le fils de Bertrand.

Vers la dernière moitié du XVIIe siècle, le manoir du Cosquer était possédé par Louis Hamon, sieur de Lagonnay, et en 1728, cette terre était divisée en partie : l'une d'elles appartenait à Renée Le Corre, dame de Krio, et l'autre, à René-Théophile de Maupeou et sa femme, Renée-Blanche de Banneville, petite-fille de Renée Huby, dame du Diarnelez, morte en 1726, d'après leurs aveux à Hercule-Mériadec de Rohan, prince de Guémené.

Manoir du Pou.

Le manoir du Pou, comme celui de Penderff, appartenait aux sires de Guémené jusqu'en 1578, époque à laquelle il fut aussi vendu à Thomas Tuault, sieur du Pallevar. Sa fille, Adelice Tuault, dame du Pou, épousa Louis Eudo, et tous deux le revendirent à Missire François Gouézel, recteur de Lignol. Après la mort de ce dernier, en 1680, ses héritiers vendirent le manoir à Thomas Barisy. En 1769, François-Anne Louvart, sieur de Pontigny et Marie-Elizabeth de Montlouis possédaient ce domaine et en rendaient aveu à Jules-Hercule de Rohan.

Manoir de Kerbleterien.

Nous avons déjà vu que Alain Penderu possédait la ville de Kbleterien en 1413. La même année, cette terre était en la possession de Henry Picaut qui en faisait hommage à monseigneur de Rohan. Nous possédons deux aveux de 1434 et de 1456, rendus par Eon Le Bras pour ses héritages en la ville de Kanpleterien.

En avril 1572 était mort Jehan du Pérenno, qui avait épousé Isabeau de Stanghingant ; Henry, son fils, mari de Renée Le Courhin, était mort avant lui, et les deux veuves rendaient aveu à Louis de Rohan, le 1er août de la même année, au nom des enfants d'Henry du Pérenno. Ces enfants étaient Jean et Guillemette. Jean du Pérenno épousa Jeanne de Lopriac, et tous deux moururent au bout de très peu de temps, en laissant un fils sous la tutelle de Renée Le Courhin, sa grand'mère. Guillemette du Pérenno mourut le 10 mai 1595 et son neveu Jean hérita de ses biens. Le manoir du Pérenno continua à appartenir à la famille du Pérenno en juveigneurie, car nous trouvons un Paul-Romain du Pérenno qui mourut en 1738, laissant la terre de Kbleterien à son fils, François du Pérenno, comte de Penvern.

PAROISSE DE SILFIAC.

Seigneurie de Crénihuel.

Ce manoir était en la possession d'Alain Fraval, de 1394 à 1406, époque de sa mort. Son fils Guillaume était mort dès 1421, puisque sa veuve, Aliette de Kourhin, fait hommage à Charles de Rohan, sire de Guémené, au nom de son fils Maurice. Celui-ci mourut en 1434, laissant son fils Jehan en bas âge sous la tutelle de Nicolas Le Godec, qui rendit aveu en son nom cette même année. Alain Fraval, fils de Jehan, vivait en 1493 et laissa le manoir de Crénihuel à Louis Fraval, probablement son frère, qui mourut en 1502. Son fils François mourut en 1535 laissant pour héritier René Fraval, son petit-fils. Nous empruntons à l'aveu que celui-ci rendit en 1553 le passage suivant :

« Plus confesse ledit sieur avoir, sous ladite seigneurie de Guémené, droit et possession de lever et recevoir, sur chacun rôtisseur, à chacun jour et fête de Saint-Laurent, en la paroisse de Silfiac, un quartier de mouton ou douze deniers monnaie et un pot de vin dessur chacun tavernier.

» Et a aussi ledit sieur prééminences de tombes, enfeus et chapelle en l'église paroissiale de Silfiac et armoiries en ladite église de Silfiac et de Saint-Laurent, banc, accoudoir, par cause de la seigneurie de Crénihuel. »

René Fraval eut huit enfants : François, l'aîné, qui lui succéda et épousa Catherine de Quenechquivillic, Gilles, le puîné, qui posséda

Crénihuel après la mort de son frère, Alain, Catherine, Françoise, Louise, Perrine et Marie. Jean Frával succéda à Gilles, et mourut en 1608. Son fils, René Fraval, épousa Jeanne de Quellenec et eut deux filles : Marie Fraval, femme de Pierre Plésidy, sieur du Colledy, et Jeanne Fraval, mariée à Marc Rogon, sieur de la Randerie. Jeanne Fraval céda Crénihuel, en 1632, au seigneur de Coëtanfao, et nous croyons utile de donner ici un extrait de ce contrat d'échange.

« Devant nous notaires à Rennes ont comparu messire François de Querhoënt, sieur de Coëtanfao, Querantrec, Mesernin, et dame Jeanne Fraval, épouse de Messire Marc Rogon, sieur et dame de la Randerie, entre lesquelles parties a été fait le présent contrat d'échange, par lequel ledit sieur de Coëtanfao a baillé, cédé à ladite dame de la Randerie les manoir, maison et dépendances de La Villeroux, de la manière qu'elles sont audit sieur de Coëtanfao par la vente que lui en a faite Messire Gilles Gouyon, sieur de La Villeroux, Le Boschet, et son fils aîné, par contrat du 14 du présent mois.

En retour, ladite de Fraval a baillé audit sieur de Coëtanfao la maison et manoir de Crénihuel.... »

Plus tard, en 1643, Anne de Kouseré, veuve de François de Khoënt, sieur de Coëtanfao, rendait aveu pour la seigneurie de Crénihuel « à cause de laquelle, dit l'aveu, ladite dame de Coëtanfao a droit de prééminence dans la chapelle de Saint-Antoine, laquelle est joignante à l'église collégiale de Notre-Dame de la Fosse audit Guémené, séparée de murailles et arcades, pour avoir, en ladite chapelle de Saint-Antoine, en la vitre prochaine de la maîtresse vitre du côté de l'Évangile, huit écussons au haut, au-dessous des armes de ladite principauté, lesquels huit écussons portent les armes de ladite maison de Crénihuel avec plusieurs alliances et au bas de ladite vitre sont les représentations d'un François et Louis Fraval, seigneurs dudit Crénihuel, portant les casaques armoyées des armes de ladite maison.

» Plus en la chapelle de saint Fellan, située en ladite paroisse de Silfiac, tous droits de prééminences et prérogatives comme seigneurs fondateurs.

« Ladite dame déclare qu'elle était aussi fondatrice et a un écusson posé au haut de la maîtresse vitre de la chapelle tréviale de Saint-Germain, en Séglien, au-dessus du grand autel, et a droit de lizière au dedans et au dehors d'icelle chapelle. »

Nous terminerons l'histoire de Crénihuel par quelques extraits d'un aveu rendu en 1770 par « haut et puissant seigneur Messire Charles-Yves Le Vicomte, chevalier, seigneur comte du Rumain, vicomte de Cohignac, marquis de Coëtanfao, seigneur châtelain de Coëtcodu, Langoëlan, Crénihuel et autres lieux, à Louise-Julie-Gabrielle de Rohan, épouse et curatrice d'Hercule-Mériadec de Rohan, prince de Guémené, pour ses domaines situés aux paroisses de Silfiac, trève de

Lescharlin, paroisse de Séglien, Locmalo, Mellionec, Lescoët et Langoëlan....

» Dans ledit bourg de Silfiac a ledit seigneur comte du Rumain droit de ceps et pilori avec collier planté au dehors du cimetière dans la franchise et issue où est la grande croix à l'arrivée dudit bourg, armoyé des armes de Crénihuel, et dans une pièce de terre, nommée Mané-Porcou, sont la justice et patibulaire dudit Crénihuel, à quatre piliers et un autre au milieu. »

Manoir de Kerserf.

Le manoir de Kserf appartint d'abord aux sieurs de Crénihuel et était, en 1680, la propriété des princes de Guémené.

PAROISSE DE LESCOET.

Seigneurie de Crénarz.

Ce manoir appartenait, en 1411, à Olivier de Crénarz, puis il entra dans la maison de Quénécan dès 1427, époque à laquelle nous trouvons un Maurice de Quénécan, sieur de Crénarz et de Penhaër, en Saint-Tugdual. Son fils Jean vivait en 1432, et son petit-fils Lancelot de Quénécan ne mourut qu'en 1490. Louis de Quénécan, sieur de Crénarz et de Penhaër, fournit aveu en 1512, et mourut en 1525, laissant un fils, nommé aussi Louis, qui hérita des manoirs de Crénarz et de Penhaër, ainsi que le constate son aveu, daté du 9 octobre 1526. Yvon de Quénécan, fils de Louis, rendit aveu pour Crénarz en 1546, tandis que Jeanne, sa sœur, avait reçu en partage le manoir de Penhaër qu'elle porta à son mari Charles Méhaut, sieur de la Villeboury. Il est probable qu'Yvon eut une fille qui fut mariée à Jean Bobille, sieur de Campostal, puisqu'en 1566, celui-ci fait aveu à Louis de Rohan pour le manoir de Crénarz à cause duquel, dit cet aveu, « le sieur de Crénarz a et lui appartient prééminences, priviléges, tombes, enfeus et enterrements en l'église paroissiale de Lescoët, prohibitifs à tous autres, ceintures, lisières, courroy ès églises de Lescoët et Saint-Roch, justice patibulaire à trois posts.... etc. »

En 1573, le domaine de Crénarz appartenait à Jean Méhaut, sieur de la Villeboury, très probablement fils de Charles Méhaut, et à sa femme Catherine Le Maguniou. Il le possédait encore en 1593, et nous trouvons sa fille, Marguerite Méhaut, épouse de Jean de Maigné, dame de Crénarz en 1613. Le 10 novembre 1638, Marguerite Méhaut vendit cette terre à Jean de Goesbriant, et, en 1672, le fils de celui-ci, Yvon de Goesbriant, marquis de Goesbriant et de Crénarz, et sa femme, Françoise-Gabrielle de Kgorlay, rendaient aveu pour Crénarz à maître Pierre Guépin, avocat, procureur d'Anne de Rohan, princesse de Guémené. Le manoir revint ensuite à ses premiers possesseurs en la personne d'Yvon de Quénécan, mari de Françoise de Tremereult, qui mourut en 1752 et dont hérita sa tante, Jehanne de Quénécan, dame douairière de la Villeboury et de Kconte et propriétaire de Kpabu, Kprigent, etc.

Manoir de Kerguézennec.

Ce manoir a, de tout temps, appartenu aux seigneurs de Coëtanfao.

Autres manoirs en Lescoët.

Les manoirs de Praternel et de Kallain appartinrent successivement à différents propriétaires, ainsi que ceux de Restaobran et du Rest, qui firent longtemps partie des biens de la famille de Quénécan.

TRÈVE DE LESHERNIN, EN SÉGLIEN.

Seigneurie de Coëtanfao.

Coëtanfao appartenait, en 1434, à Jehan de Kriec qui mourut cette année même, laissant un fils nommé aussi Jehan; celui-ci mourut le 9 septembre 1492, et un troisième Jehan de Kriec, son fils, posséda cette terre. En 1561, vivait Marguerite de Kriec qui avait probablement épousé un Kcoënt, et le fils de ce Kcoënt aurait eu pour femme Marie de Ploec, qui mourut en 1573. La même année, faute d'avoir rendu aveu assez à temps, Olivier de Kcoënt, fils de Marie, vit saisir féodalement son héritage par les agents du sire de Guémené; mais il parvint à le dégager, puisqu'il rendit aveu en 1575. Dix ans plus tard, le sieur de Kcoënt possédait, outre ses manoirs de Coëtanfao et de Kguézennec, cinq villages en Plouray, quatre en Mellionec, onze en Langoëlan, quatre en Lescoët, quatre en Locmalo, quatre en Ploërdut et onze en Séglien. Charles Kcoënt, fils d'Olivier, avait épousé Isabelle de Quenechquerault, qui était veuve en 1613. Leur fils, François de Khoënt acheta le manoir de Crénihuel, en Silfiac, et nous voyons que sa femme, Anne de Kouséré, était veuve en 1643. Coëtanfao fut ensuite possédé par Sébastien de Khoënt, en 1652; en 1696, par François-Toussaint de Khoënt, marquis de Coëtanfao; en 1712, par Jean-Sébastien de Khoënt, marquis de Coëtanfao, et, en 1749, par Julienne de Khoënt, dame de Coëtanfao et de Crénihuel, qui épousa Charles-Yves Le Vicomte, sieur de Coëtcodu. La suite de l'histoire du château de Coëtanfao se relie ensuite à celle du manoir de Coëtcodu.

PAROISSE DE LANGOELAN.

Seigneurie de Coëtcodu.

Ce manoir était appelé anciennement Breman, nom qui fut changé, dans le XVIe siècle, pour celui de Coëtcodu.

En 1414, mourait Jehan de Coëtuhan, sieur de Breman, en laissant une fille qui fut mariée à Alain de Penhoët, sieur de Penfrec. Guillaume de Penhoët, leur fils, garda pour lui la terre de Penfrec, et donna le manoir de Breman en partage à sa sœur, Beatrix de Penhoët. Celle-ci épousa Guillaume du Fresnay, dont le fils, François, était seigneur de Breman en 1474. Alain du Fresnay, fils de François, épousa Jeanne d'Avaugour, dame de Meslan, et mourut avant l'année 1518. Son fils Louis était marié à Louise de Talhoët qui était veuve en 1539, époque à laquelle elle rendait aveu pour ses trois fils : Claude, Guyon et François. Claude épousa Louise de Baud dont il n'eut pas d'enfants, puisque la terre de Coëtcodu passa à son frère François, mari d'Allannette Olivier. François et Allannette moururent et laissèrent leur fils, Louis, sous la tutelle de sa grand'-mère Louise de Talhoët qui, en 1571, fournit aveu au nom de son *douazrein* Louis du Fresnay, sieur de Coëtcodu, Klen, Le Plessix, Roscallet, Kfloch, etc. Louis du Fresnay épousa Adelice de Baud, dame du Cranno, et mourut sans enfants, en 1583. La terre de Coëtcodu fut saisie, cette même année, par le sénéchal de Guémené, au nom du prince, « ayant été remontré, dit le procès-verbal, que Louis du Fresnay, sieur de Coëtcodu, est mort et décédé sans hoirs procréés de son corps. » Cependant, l'année suivante, apparaît Vincent du Fresnay, sieur du Kfloch et de Coëtcodu, puis, en 1600 et 1606, François du Fresnay, en 1636, René du Fresnay. Ce René du Fresnay avait peut-être une fille qui épousa Gilles du Pérenno, sieur de Kduel, car celui-ci possédait la terre de Coëtcodu en 1658, et la transmit à Louis du Pérenno, son fils. Celui-ci et sa femme, Jeanne de Guymarho, fondèrent, à la chapelle du manoir de Coëtcodu, trois messes par semaine. Louis du Pérenno laissa, en mourant, ses biens à sa sœur Jeanne qui les porta en dot à Pierre Le Vicomte, sieur du Rumain, et son fils, Charles-Yves Le Vicomte, par son mariage avec Julienne de Khoënt, ajouta à ses domaines la seigneurie de Coëtanfao et celle de Crénihuel. Un aveu de ce seigneur nous fait connaître les prérogatives féodales que lui conféraient les biens dont il était possesseur. Voici un extrait de cet aveu :

« ..... La chapelle de Saint-Efflam..., dans laquelle sont les écussons et armoiries de ladite seigneurie de Coëtcodu et du seigneur déclarant, droit de banc et autres prééminences.

» La chapelle et église tréviale de Lescharlin, située au bourg de Saint-Germain, avec armes et écussons qui sont vairé et contrevairé, qui est des anciens seigneurs de Coëtcodu, à mi-partie avec d'Avaugour.

» De plus, ledit seigneur du Rumain a droit et est en possession d'un banc à queue dans l'église et chapelle de Saint-Joseph proche l'hôpital, au haut de la rue Neuve de Guémené, dans les vitres de laquelle chapelle sont les armes de ses prédécesseurs, par les soins desquels ledit hôpital a été bâti et lui ont donné le premier fonds, et pour mémoire de leurs soins, avances et bienfaits, le procureur ou administrateur dudit hôpital est tenu et obligé de payer annuellement un prêtre qui doit être nommé par ledit sieur du Rumain, pour dire une messe tous les mardis de la semaine en ladite église et chapelle de Saint-Joseph à l'intention du seigneur du Rumain et de ses auteurs, et ainsi successivement, suivant la fondation qui a été faite. »

Charles-Yves Le Vicomte eut un fils qui était marié, en 1744, à Marguerite-Reine Buttaut de Marzan, et de cette union naquit une fille nommée Reine-Sébastienne Le Vicomte.

Manoir de Tronscorff.

Ce manoir appartenait, en 1427, à Gilbert du Houlle par son mariage avec Marguerite de Tronscorff. Gilbert mourut en 1433 et laissa sa succession à son fils Geoffroy qui épousa Clémence de la Villeneuve et qui vivait encore en 1490. Guillaume du Houlle, fils de Geoffroy, fait hommage au sire de Guémené le 15 décembre 1491 et mourut un ou deux ans après ; sa veuve, Isabeau de Saint-Noay, rendit aveu à Louis de Rohan au nom de son fils, Louis du Houlle, encore enfant, qui vécut jusqu'en 1528 ; Françoise de Quenechquivillic, veuve de Louis, rendit aveu, l'année suivante, à Marie de Rohan, mère et tutrice de Louis de Rohan, seigneur de Guémené, et leur fils, Jean du Houlle, épousa Guillemette Le Gal, et mourut avant 1571, laissant son fils Abel sous la tutelle de François de Baud, sieur de Ménézorval. Abel du Houlle eut trois enfants de sa femme, Louise Le Maranner. François, sieur de Tronscorff et de Kropert, qui mourut sans héritiers, Jeanne et Catherine, qui était mariée, en 1616, à Philippe Bertho, sieur des Fontaines, et qui hérita de son frère. « Le 10 mai 1613, Philippe Bertho, sieur des Fontaines, fit la foi et hommage à très haut et très puissant messire Pierre de Rohan, prince de Guémené, comte de Montauban, seigneur du Verger, Mortiercroulle, Marigny, La Motte-Glain, châtelain de Corlay, Le Poirier, Plouha et Plouézec, chevalier des ordres du Roi et conseiller en ses conseils d'État et privé, suivant la coutume, à cause de son lieu et manoir de Tronscorff, et autres terres et héritages qu'il possède et tient ligement et noblement dudit seigneur, aux paroisses de Langoëlan, Ploërdut, Lescoët, Locmalo, Plouguernevel et ailleurs en ladite principauté, échues à Catherine du Houlle, sa compagne, par le décès de défunt écuyer Abel du Houlle, vivant sieur dudit lieu de Tronscorff ; lesquelles choses il tient à devoir de foi, hommage et rachat..... »

Philippe Bertho (ou Berthou) eut un fils et deux filles, dont l'une, Renée, épousa Pierre Guiller, sieur de Kvéno, et l'autre fut mariée, en premières noces, à François de Langourla, sieur de l'Espinay, et en deuxièmes noces, à Christophe Gouyon, sieur de La Villepierre. De son premier mariage, elle eut une fille, Françoise de Langourla, qui épousa d'abord François du Boisgelin, sieur de K̃iolly, puis, en 1713, Julien-François Le Clavier, sieur de la Pagottière, dont elle n'eut pas d'enfants. Après sa mort, le manoir de Tronscorff retourna à son cousin René-François Berthou qui avait épousé Catherine Meusnier, dame de K̃grom, et qui mourut vers 1738; son fils, Jean-Jacques de Berthou, qui décéda en 1776 et son petit-fils, Juste-Albert-Irénée de Berthou, capitaine au régiment de Bourgogne infanterie, en 1779, furent les derniers possesseurs de ce manoir.

Manoir du Rest.

Nous ne trouvons mention de ce manoir qu'en l'année 1738 où demoiselle Renée Guilloux, veuve de Louis-Alexis de Brossard, mort l'année précédente, rend aveu comme tutrice de Jean-Jérôme, Louis, et Anne-Françoise de Brossard, enfants des deux mariages de Louis-Alexis de Brossard. Mais Louis étant mort en 1740 et Jean-Jérôme en 1744, Anne-Françoise resta seule héritière des biens paternels. Elle épousa messire Jacques-Bruno de Rémond du Chéla, ancien capitaine au régiment lyonnais infanterie, et rendit aveu pour le manoir du Rest à Jules-Hercule de Rohan, prince de Guémené.

Manoir du Plessix.

Le manoir du Plessix resta la propriété des seigneurs de K̃merien et du Cranno jusqu'en 1572, époque à laquelle il fut donné en juveigneurie aux Rouxel, sieurs de Ménézangal; mais cette branche s'étant éteinte, Le Plessix retourna, par héritage, à Adelice de Baud, dame de K̃mérien. Le 21 juillet 1677, Hyacinthe de Cosnoal, sieur de Saint-Georges et de K̃merien, le vendit à messire Julien Le Goff, recteur de Langoëlan, et celui-ci étant mort en 1734, son neveu, Louis Le Goff, hérita de cette terre dont il fournit aveu la même année.

Manoir de Kerprigent.

Le manoir de K̃prigent, qui appartenait à Pierre de K̃prigent et à Jehanne de Pestivien, son épouse, passa, en 1504, à leur fils Pierre de K̃prigent, et ne laisse plus traces.

Manoir de Goësfourmant.

Nous ne connaissons ce manoir que par deux aveux : l'un de 1431 fait par Jehan Le Vestle, et l'autre de 1463 rendu par le fils de celui-ci, nommé aussi Jehan, et par sa femme Jehanne du Bot.

Manoir de Barazoez ou de Paradis.

Guillaume de Kuhellic possédait ce manoir en 1464, et il le légua à sa fille Catherine de Kuhellic, épouse de Guillaume Bilzic, qui le tint jusqu'à sa mort, en 1480, et le laissa à son fils Vincent. Depuis cette époque, nous ne possédons aucune donnée certaine sur les propriétaires de ce manoir; nous sommes cependant porté à croire qu'il appartenait aux seigneurs de Crénihuel.

PAROISSE DE PRIZIAC.
Seigneurie de Kergoët.

Un ancien aveu de l'an 1300 nous indique la mort de Geoffroy de Kgoët. Plus de cent ans après, en 1419, nous trouvons un aveu de Jehan de Kgoët, rendu à Charles de Rohan, à cause du décès de sa mère. Éon, probablement son fils, fit hommage, en 1430, pour le manoir de Kgoët, et cet acte porte les restes d'un sceau où l'on distingue deux fasces nouées et un franc-quartier chargé d'une barre engreslée. Éon, ou Yvon, mourut en 1470, laissant le manoir de Kgoët à son fils Yvon et la terre de Mindrouch à son autre fils Pierre. Yvon eut, d'Isabeau Le Gentil, trois fils et une fille, savoir : Jean, l'aîné, qui fut seigneur de Kgoët, Yvon, Rolland et Isabeau. Jean rendit aveu pour les manoirs de Kgoët et de Bresserien, et mourut en 1541. Le domaine revint à Yvon, son puîné, qu'on appelait le Jeune pour le distinguer de son père, surnommé le Vieil. Il rendit aveu, le 12 juillet 1543, pour les manoirs de Kgoët, Mindrouch, Trobioret et Carval, et laissa trois enfants : Pierre, l'aîné, qui lui succéda, Yvon et une fille nommée Isabeau. Pierre vivait encore en 1590, et, comme il n'avait pas eu d'enfants, ses manoirs passèrent à son frère puîné, Yvon, qui avait épousé Claude de Beaucours. Celui-ci rendit aveu en 1601 pour les manoirs de Kgoët et de Carval, et eut deux fils : Jean et Bertrand. La fille du premier, Anne de Kgoët mourut en 1630, et la terre de Kgoët passa à son oncle Bertrand qui était encore, en 1632, sous la tutelle de sa mère Claude de Beaucours. Nous ne retrouvons plus traces de ce domaine jusqu'en 1767, époque à laquelle mourut messire Charles-Gilles-Léon de Sorel, époux de dame Marie-Anne Tortel, sieur et dame de Kgoët. Cette dernière étant décédée en 1771, le château de Kgoët devint la propriété de leur fille : Anne-Jacquette de Sorel, qui avait épousé en premières noces Sébastien-Claude-Charles-Joseph Barbier, vicomte de Lescoët, et en secondes, M. le comte de Carné-Marcin, brigadier des armées du Roi, capitaine de ses vaisseaux, chevalier de Saint-Louis et lieutenant-général d'épée au ressort de Brest et de Saint-Renan.

Manoir de La Villeneuve.

Ce manoir ne nous apparaît qu'au XVIIIe siècle où il fut possédé par Nicolas-François de Fresnay-Faouët et Angélique du Quengo, ensuite, par leur fille Marie-Claude, qui mourut le 31 décembre 1722, et laissa La Villeneuve à son oncle, René-André du Fresnay-Faouët.

Manoir du Dréorz.

Alain Le Scauff, sire du Dréorz, mourut en 1424, laissant son manoir à son fils Charles. Alain, héritier de celui-ci, rendit aveu, en 1466, à Louis de Rohan et laissa le Dréorz à Jehan Le Scauff, mari d'Anne du Cormier. Il mourut en 1496, et, en 1517, son fils Pierre faisait hommage à Louis de Rohan pour son manoir et herbergement du Dréorz. En 1531, mourut Gilles Le Scauff, et son fils Pierre fournit aveu, en 1540, au sire de Guémené pour ses domaines qui se composaient des manoirs du Dréorz, de Morgant, de Ménézorven, de seigneuries sur les manoirs de Koual, de Brecelien, de Klen et de Coëteven, plus un bon nombre de tènements et de chefsrentes. Pierre Le Scauff était mort en 1566, et son fils Tristan rend aveu, cette même année, au sire de Guémené. Yves Le Scauff, fils et héritier de Tristan, dans son aveu de 1580, déclare que « à cause de la terre et seigneurie du Dréorz, il a cour et juridiction haute, moyenne et basse, et peut faire punir les délinquants jusqu'à extermination de vie inclusivement, qu'il a patibulaire à trois posts et piliers. » En 1593, le Dréorz était en la possession de Nicolas de Talhoët, sieur de Kservant, Lisleho, Grand-Bois, Tremedern et le Dréorz ; en 1661, il appartenait à Hélène de Talhoët, comtesse du Bois-de-la-Roche et dame de Cremenec; enfin, en 1748, il était la propriété de Guy-Marie de Lopriac et passait à sa fille Félicité de Lopriac, femme de Louis-Joseph de Khoënt, qui en rendait aveu en 1777.

Manoir de Keroual.

Jehan Botmael, fils de Pezron Botmael, rend aveu, en 1436, pour ce manoir, à Louis de Lopriac, receveur de Guémené; 23 ans plus tard, il appartenait à Jehan de Pestien, qui mourut en 1480 et eut pour successeur son fils, Guillaume de Pestien. A son décès, qui eut lieu en 1499, celui-ci laissa deux fils : Jehan et Charles. Jehan, l'aîné, rendit aveu en 1500, et mourut en 1511, laissant sa fille sous la tutelle de Charles de Pestien, son frère. En 1583, nous trouvons, comme dame de Koual, Marguerite de Pestivien, fille ou petite-fille de Jehan, qui avait épousé Corentin Buzic en 1535 et qui mourut en 1580, laissant son héritage à sa dernière sœur Louise de Pestivien, dame du Quellenec, épouse de Jehan de Glévedé. Cette Louise rendit aveu en 1586, comme dame propriétaire de Lenihon et douairière de Coëtbihan, Klosquet et Koual, au nom de son fils, Marc de Glévedé. Dans la suite, le manoir de Koual changea souvent de propriétaire : ainsi, nous voyons Anne du Pont, douairière de La Marzelière, le vendre, en 1604, à Térisien Thomas, sieur de La Villeneuve; en 1615, il appartenait à Martin d'Iratzaval et à Catherine Bolbarec, et, en 1636, à Bertrand de Kgoët, sieur de Kgoët. Au commencement du xviiie siècle, il était la propriété de René de Lopriac, marquis de Coëtmadeuc, mari de Françoise Sauvager. René de Lopriac mourut en 1733, et son fils, Guy-Marie de Lopriac, rendait aveu l'année suivante pour les seigneuries de Crémenec et de Koual. Félicité de Lopriac, fille de Guy-Marie, épouse de Louis-Joseph de Khoënt, tenait ce domaine en 1777, et elle rendait aveu en 1785, avec les titres de marquise douairière de Khoënt, vicomtesse de Donges et du Dréorz, marquise d'Assérac, baronne de Coëtmadeuc, La Roche en Savenay et Klech, dame des terres et seigneuries de Crémenec, Koual, Khuers, Kivily et autres.

Manoir du Plascaër.

En 1434, décéda Aliz de Placze-Cazer, qui laissa ses biens à sa fille Jehannette, veuve de Roparze Caradec. Celle-ci en rendit aveu en 1464, et mourut en laissant le manoir entre les mains de Guillaume Caradec, qui, en 1474, en rendait aveu avec son fils Jehan. Mahé Caradec, fils de Jehan, tint le domaine jusqu'en 1540, époque de sa mort, et, vingt-cinq ans plus tard, il appartenait à François Bizien. En 1680, nous retrouvons le Plascaër entre les mains de Philippe-Emmanuel de Montlouis et de Béatrice Lescobic, sa femme, qui le transmirent à Thomas-Simon de Montlouis, sieur de Kfandol. Celui-ci rendait aveu le 11 janvier 1711, tant pour lui que pour dame Françoise-Michelle de Kguelen, veuve de Louis de Montlouis et tutrice de l'enfant mineure issue de leur mariage. Cette enfant était Marie de Montlouis qui était mariée, en 1769, à François-Anne Louvart, sieur de Pontigny, sénéchal de Guémené, qui rendit aveu le 30 janvier de cette année. Ils eurent quatre enfants : Joseph-Aimé Louvart, sieur de Pontigny, Joseph-Théodore, Marie-Josèphe, épouse de Jérôme-Bonaventure du Pou, et Marie-Angélique, mariée à Pierre-Gabriel-Noël Le Douarin de Lemo. Les enfants, avec leur mère, rendent aveu à Jules-Hercule de Rohan, en 1777, pour les manoirs du Plascaër et de Kfandol.

Manoirs du Stéro et de Penquesten.

Ces deux manoirs ont été, de tout temps, la propriété des seigneurs de Kmerien et du Cranno.

Manoir de Bresserien.

Le manoir de Bresserien appartenait, en 1473, à Henry de Bennerven et à sa femme, Marguerite de Kméno. En 1502, il était la propriété de Jehan de Kgoët, puis, en 1526, d'Alain du Dresnay et de Françoise Bennerven ; puis les sires du Dréorz et ceux de Kminizic le possédèrent successivement, et il est probable qu'il est resté dans cette dernière maison.

Manoir de Mindrouch.

Le manoir de Mindrouch était la propriété de la famille de K̃goët jusqu'en 1572, époque à laquelle Pierre de K̃goët en vendit la moitié à Jean Huby, sieur de K̃guen, et l'autre moitié à son frère, Antoine Huby, sieur de Hirgaër. Plus tard, ce manoir appartint à Isabeau Cleuz, veuve de Guillaume de La Motte. Au milieu du xviiie siècle, Toussaint Simon le transmettait à son frère, Jean Simon, dont la famille le posséda dans la suite jusqu'en 1785, époque à laquelle il en est rendu aveu par Antoine Caris, négociant, époux de Thérèse-Françoise Simon, et par Jean Guillo du Bodan et sa femme, Félicité-Michelle Simon.

Manoir de Carval.

La famille de K̃goët posséda Carval jusqu'en 1654, époque à laquelle François de Lescoët et Françoise du Fresnay, sieur et dame de Runello, K̃goët, Carval et Cosperic, le vendirent à Louis Urvoy et à Louise Le Ny, son épouse.

Manoirs de Cremenec et de Lisleho.

Jehan de K̃main, sieur de Cremenec et de Lisleho, mourut en 1421 ; sa veuve, Clairemondine de Renquis rendit aveu comme tutrice de Louise de K̃main. Cette Louise de K̃main mourut en 1444, et l'année suivante, nous trouvons les deux manoirs entre les mains de Jeanne de K̃main, épouse de Pierre Esmes, sieur de K̃servant. Depuis cette époque, ces deux domaines appartinrent aux seigneurs de K̃servant, et n'eurent pas d'histoire particulière.

Manoirs de Kerlen et de Kerfloch.

Ces manoirs, après avoir appartenu à Jehan de Cremenec en 1411, et à Jehan Le Courhin, sieur de K̃duel, en 1437, à Olivier Le Courhin en 1475 et à son fils Charles en 1527, devinrent la propriété d'Yvon Le Digoëdec qui mourut en 1540, puis de son petit-fils, Louis Le Digoëdec qui les possédait en 1543. Nous les retrouvons ensuite en la possession de Louis du Fresnay, sieur de Coëtcodu, qui les donna en partage de juveigneurie à un de ses enfants. Ils étaient, avant 1722, la propriété de François du Fresnay-Faouët et d'Angélique du Quengo, sa femme, qui les transmirent à Marie-Claude, leur fille, dame marquise de Cleudon, dame des terres et seigneuries de la baronnie du Faouët, Barrégan, Collobert, Meslan, K̃len et autres lieux. Les manoirs de K̃len et de K̃floch passèrent après sa mort à son oncle paternel, René-André du Fresnay-Faouët.

PAROISSE DE PERSQUEN.

Les actes qui concernent les manoirs de cette paroisse manquent presque totalement aux archives, de sorte que nous sommes réduits à donner seulement la nomenclature des arrière-fiefs qu'elle contenait.

1° Ménézanbec, qui appartenait, en 1767, à Louis-Marie-Joseph Le Gall de Cunfiou.

2° Le Suillado que possédaient Jean de Coëteven en 1526, Marie de Coëteven en 1541 et Louis d'Outreville, son fils, en 1589 et 1603.

3° Le Stang, qui, en 1620, était la propriété de Mathurin Terrien, sénéchal de Guémené.

4° K/meur, dont jouissaient Jehan de K/meur et Jehanne de Rosmadec en 1496; puis, en 1571, Pierre de Lezongar et Perrine Fraval, et après eux leur fille, Catherine de Lezongar.

5° Penanguen, possédé par Guillaume du Pérenno, mort en 1536, et par son fils Jehan, en 1541, et qui probablement resta dans cette famille, puisque nous retrouvons ce manoir, en 1751, entre les mains de François du Pérenno, comte de Penvern, en Persquen.

6° K/ohel, que tenait demoiselle Jeanne Huby, en 1633.

7° K/ganno, qui appartenait, en 1530, à Louis Le Picard et à Louise Gouiquet.

Enfin les manoirs du Houazinat, de Plousquen, du Boteren, de K/arzur, de Tréhonleau et du Déran, dont nous n'avons trouvé aucune mention.

PAROISSE DE SAINT-TUGDUAL.

Manoir de Kermartin.

Jehan de K/courhin rend aveu, en 1496, à Louis de Rohan, pour le manoir de K/marzin; il mourut en 1512, et son fils Jacques rendit aveu pour ce manoir en 1521, 1541 et 1548; ce dernier aveu nous apprend que K/martin était un ramage de K/merien. Jacques tenait encore ce domaine en 1575, et de ses deux filles, Jeanne épousa le sieur de Camseul, et Isabeau eut la terre de K/martin. Vers le milieu du XVIIe siècle, il était la propriété de Valentin de Talhoët, sieur de Sévérac, K/minizic et Roscario, et il aura probablement suivi la même destinée que ce dernier manoir.

Manoir de Roscario.

Ce manoir, après avoir appartenu aux sires de K/salic, passa en 1612, aux seigneurs de K/minizic et de K/martin.

Seigneurie de Kerminizic.

K/minizic appartenait, en 1471, à Guillaume de K/man, puis en 1493, à Charles Hingant, dont la famille le posséda jusque vers 1537, où nous trouvons Anne-Françoise Hingant mariée à René Tournemine, sieur du Hac. De 1563 à 1575, il était possédé par Jean Beaujouan, époux de Marguerite de la Forest, puis, en 1588, par son fils, Louis de Beaujouan. Enfin, en 1627, il était la propriété de Valentin de Talhoët et de Jeanne Le Lagadec, sieur et dame de Sévérac. En 1680, Jean-Armand de Talhoët, sieur de Sévérac, possédait Kminizic, et cette terre resta ensuite dans la famille, puisque nous voyons qu'en 1759, René-Armand de Talhoët était propriétaire de ce domaine.

Manoir de Penhaër.

Ce manoir, qui appartenait, en 1401, à Henry de Quénécan, puis à Louis de Quénécan, sieur de Crenarz, et, en 1540, à Jeanne de Quénécan, veuve en premières noces de Charles Mehault, sieur de la Villeboury, et épouse, à cette époque, de Jehan Phelippot, eut ensuite divers propriétaires. Ainsi, en 1618 et en 1633, il appartenait à Yves Cohinet, sieur de K'prigent, puis il fut divisé en deux, et l'une des moitiés était la propriété de Guillaume Dramard et de Catherine Jouan, tandis que l'autre appartenait à Julien de la Coudraye, sieur de la Ronceraye. Enfin, le 13 avril 1689, Joseph Garraud rendait aveu pour ce manoir.

Manoir de Kersalio.

Le domaine de K'salic, après avoir été la propriété de Eon Phelippes, en 1393, et de Jehan Camorts jusqu'en 1432, passa, l'année suivante, à Yvon Aleno ; son fils Louis mourut en 1495. Le 14 juillet de cette année, la veuve de ce dernier, Jeanne Le Grant, rendait aveu au nom de Vincent Aleno, leur fils. Vincent Aleno étant mort le 22 octobre 1510, Yvon, son frère, lui succéda et fit hommage au seigneur de Guémené le 15 août 1511. Pierre Aleno rendit aveu en 1575 et en 1584, et il eut pour héritier Nicolas Aleno, mari de Renée Uchet. Le fils de celui-ci, Jacques, rendit aveu en 1660, et, en 1682, Pierre Aleno se déclara homme lige du prince de Guémené ; son fils, nommé Charles-Bon, mourut en 1746 ; il avait eu pour femme Thérèse de Penpoulo. Le manoir de K'salic passa ensuite à Madeleine-Thérèse-Florentine Aleno, fille de Charles-Bon, et celle-ci le porta en dot à son mari, Jean-René Le Borgne, sieur de Penquer, qui en rendit aveu le 11 juin 1746, à Julie-Gabrielle-Louise de Rohan, princesse de Guémené.

Manoir de Poulhazre.

Nous n'avons trouvé de renseignements sur cette terre que pendant le XVe siècle, où, après avoir appartenu, en 1430, à Roland de Poulhazre, elle passa à Charles de Poulhazre, puis à son fils, Alain de Poulhazre, mari d'Aliz, fille d'Alain Le Roux.

Manoir de Restergant.

Le manoir de Restergant a toujours appartenu aux seigneurs de K͟merlen et du Cranno.

Manoir de Corargant.

Ce domaine, propriété de Jeanne de K͟ourhin, en 1540 et 1553, appartenait, en 1613, à Jeanne du Cleusiou, et en 1665, à Jacques Le Doulce, dont le fils René-Anne épousa Marguerite-Gabrielle Jourdain. De mariage naquirent Jean-Baptiste et Michel qui moururent, le premier en 1731 et le second en 1737, et Marie Le Doulce qui vivait encore en 1754. Corargant fut alors vendu à Ange de La Monneraye, sieur du Breuil, et à Agathe de K͟ret, sa femme. Le premier mourut en 1774 et la seconde en 1779.

PAROISSE DE PLOERDUT.

Manoir de Barach.

Le 20 octobre 1426, Olivier Le Voyer et Marguerite Saint-Jolys, sa compagne, rendirent aveu à Charles de Rohan pour un tènement de terre sis en la ville de Barach. Marguerite étant morte le 8 novembre 1441, Barach passa à son fils, Guillaume Le Voyer, qui était marié à Marguerite de Guernarpin. Guillaume vivait encore en 1491, avec ses deux fils, Pierre et Guillaume, qui firent construire le moulin de Barach avec le consentement du sire de Guémené. Pierre succéda à son père, et la propriété passa après lui à Yvon Le Voyer qui mourut en 1540, en la transmettant à son fils Augustin. Celui-ci étant mort au bout de huit ans, Françoise de Beaucours, veuve d'Yvon, se chargea de la tutelle de son petit-fils, Jacques Le Voyer, dont la fille Jehanne épousa Guillaume Fournoir, sieur de K͟gléaou, qui rendit aveu en 1570. Leur fils, Michel Fournoir, sieur du Quellenec, de K͟gléaou et de Barach, fournit aveu pour cette dernière terre en 1600, et la transmit à Pierre Fournoir, époux de Renée Le Peuchant, qui laissèrent leurs enfants en bas-âge sous la tutelle de Jacques Moro, sieur de la Ville-Bily. En 1648, Georges Fournoir et Jeanne du Couédic possédaient Barach ; Georges mourut cette même année en laissant trois enfants : Georges, l'aîné, qui eut le manoir de Barach, Pierre, sieur de K͟allain, et Eulalie-Claude, qui épousa N..... de Brossard. Georges Fournoir eut deux filles : Marguerite, qui épousa Alexis-Bonaventure Le Moyne, sieur de K͟ourhin, et Marie-Louise, femme de Guillaume Fraboulet. En 1748, le manoir de Barach était possédé par Lorans Le Moyne, frère de Alexis-Bonaventure et par Ursule Fournoir, qui était peut-être fille de Pierre Fournoir et dont la fille, Ursule Le Moyne, épousa Pierre de K͟ouallan. Pierre de K͟ouallan et Ursule Le Moyne rendirent aveu en 1748 et déclarent qu'ils possèdent, en l'église paroissiale de Ploërdut, à cause de leur manoir de Barac'h, « une chapelle du côté de l'épître, ayant une tombe enlevée, droit d'escabeau, armoiries en bosse, tant en dehors qu'en dedans, et en la grande vitre d'icelle chapelle, ayant en outre deux tombes armoriées contre le grand banc et marchepied du grand-autel au droit du milieu, prohibitif à tous autres, et les armes dudit manoir de Barach aux armes de la grande vitre, vis-à-vis desdites deux tombes. Autre chapelle de la maison de Barach située près le village de Saint-Illut, en la paroisse de Ploërdut. » Ursule Le Moyne étant morte, son mari, Pierre de K̃ouallan se remaria à Marguerite-Georgine Fournoir et eut deux enfants de ce second mariage : Ignace et Catherine-Rose, qui rendirent aveu à Jean, sieur de Bellefontaine, receveur de Guémené, en 1736. Catherine-Rose de K̃ouallan épousa dans la suite Pierre-Joseph de Réal. Ignace de K̃ouallan hérita du manoir de Barach dont il rendit aveu en 1753 ; son fils, Pierre de K̃ouallan, possédait Barach en 1775.

Manoir de Kermarquer.

Ce manoir était possédé, en 1544, par Vincent Le Vestle et Louise Le Tennour, puis par leur fils René Le Vestle qui rendit aveu à Guémené en 1564 et en 1570. Jehanne Le Vestle, sa fille, épousa Yvon de Beaucours, sieur du Cosquer, et le manoir fut possédé par la famille de Beaucours jusqu'en 1615, époque à laquelle Guionne de Beaucours le porta à Louis Hervé, son mari. Louis Hervé rendit aveu en 1613 et en 1632 ; il vivait encore en 1649. Pierre Hervé, son fils aîné, lui succéda dans sa terre du Bois-Riou, son second fils eut le manoir de K̃do, et Jean-François Hervé, le troisième eut les manoirs du Cleuziou et de K̃marquer ; il épousa Marie-Madeleine Piau et mourut en 1694. Son fils Louis posséda ensuite K̃marquer et le légua à sa fille qui était mariée, en 1724, à Joseph de Pontgeoise, sieur du Grannec. Catherine de Pontgeoise, leur fille, épousa Jacques-Michel Calmar qui mourut avant 1765, et leur fils, Jacques-Joseph Calmar, était mort en 1775.

Manoir de Kourhin.

Il est probable que ce manoir appartenait, dans l'origine, à la famille de K̃ourhin, mais nous n'en trouvons aucune trace jusqu'en 1526 où il était posédé par Jacques de K̃ourhin, fils de Marie de K̃uellic, qui mourut cette année même. En 1533, Françoise Le Garec, veuve de Louis de Beaucours, rendait hommage, pour K̃ourhin, au seigneur de Guémené, et cette terre appartint à la famille de Beaucours jusqu'en 1614, époque à laquelle Claude de Beaucours, dame de K̃ourhin, épouse d'un sire de K̃goët, la vendit à Lorans Le Moyne. Le manoir appartint ensuite à la famille Le Moyne, et nous trouvons un aveu, daté de 1660, rendu au prince de Guémené par Marguerite Le Gras, veuve de Jean

Le Moyne, sieur de K'poner. En 1683, Alexise Mau, veuve de François Le Moyne, et en 1736, Mathurine Profit, veuve d'un second François Le Moyne, rendent aveu pour la terre de Kourhin. Ce second François eut deux enfants : Marie-Vincente Le Moyne, qui mourut en 1743, et Alexis-Bonaventure Le Moyne, qui épousa Marguerite Fournoir. En 1747, celle-ci rendait aveu au nom de son fils, François-Mathurin Le Moyne, et héritait de son beau-frère, Jean-Jacques Le Moyne, qui lui vendit tous ses droits.

Manoir de Kerlagadec.

Nous ne connaissons le nom de ce manoir que par un contrat d'acquêt qui en fut fait, en 1633, par René Tuault et Françoise Pezron d'avec Réné, héritier d'Antoine du Fossé. Cinquante ans après il appartenait à Louis Tuault.

Seigneurie de Kerservant.

Ce domaine appartenait, en 1442, à Pierre Esmes et à sa femme, Jeanne de K'main. Leur fils, Jean Esmes obtint, en 1506, de Louis de Rohan, la permission d'avoir ceintures et armoiries en l'église paroissiale. Il avait épousé Louise de la Forest, et mourut en 1510, laissant à sa veuve la tutelle de leur fils, Pierre Esmes. A celui-ci succéda François Esmes qui mourut en 1551, et laissa ses domaines à Jean de Talhoët dont le bisaïeul avait épousé une fille de la famille Esmes. Louis de Talhoët, fils de Jean, sieur de K'servant, Lisleho, Crémence et K'audren, transmit ces terres à son héritier nommé aussi Jean. Ce second Jean était le père de Nicolas de Talhoët, qui accrut encore les vastes domaines de ses aïeux. En 1683, vivait Louis de Talhoët, fils de Nicolas, et en 1731, nous retrouvons, comme possesseur de K'servant, un autre Nicolas de Talhoët qui mourut cette année en laissant ses seigneuries à son fils, nommé encore Nicolas. La propriété de K'servant appartenait, en 1776, à Charles-Marie-René Duplessix, marquis de Grénédan, qui mourut cette année même, laissant K'servant à sa veuve Elisabeth Montaudoin.

Manoir de Kerbariller.

Le manoir de K'bariller ou K'anbariller dépendait immédiatement des seigneurs de Guémené.

Manoir de Guernarpin.

Le manoir de Guernarpin, qui donna son nom à cette ancienne famille, était possédé, en 1437, par Morice de Guernarpin, qui le tenait encore en 1463. En 1550, Claude du Juch, femme de Roland de Lezongar, le donna à Vincent de Talhoët, recteur de Langoëlan.

Manoir du Stang.

La famille Rouxel posséda ce manoir jusqu'en 1510, époque de la mort de Jacquette Rouxel, femme de Julien Fournoir, sieur du Quellenec. Guillaume Fournoir, leur fils, en rendit aveu cette même année. En 1633, le Stang était possédé par Jeanne Huby, veuve de Mathurin Terrien, et leur fils, François Terrien, sieur de Kohel, en rendit aveu en 1648. Enfin, en 1683, ce manoir appartenait à Marguerite Nariteau, dame de la Châteigneraye.

Manoir du Pallevar.

Ce manoir fut vendu par les sires de Guémené à Thomas Tuault au commencement du XVIIe siècle ou à la fin du XVIe. Son fils, Louis, était sénéchal de Guémené ; il épousa probablement Isabeau Pezron dont la fille, Françoise Tuault, dame du Pallevar, était mariée à Jean Lohéac, en 1634. Cette même année, Jean Lohéac et Françoise Tuault, sieur et dame de Kpunze, vendirent le Pallevar à Guillaume Le Gall, sieur de Kmorgant, procureur fiscal de Guémené, dont le fils, Louis, vivait en 1669. Guillaume Le Gall possédait le Pallevar en 1683, et, en 1697, il était la propriété de Louis Le Gall, sieur du Cunflo et de Ménauray. Il passa, comme ce dernier domaine, à Guillaume et à Louis-Marie-Joseph Le Gall du Cunflo, qui, dans son aveu rendu, en 1768, à Julie-Louise-Gabrielle de Rohan, déclare « avoir et posséder les prééminences en l'église paroissiale de Ploërdut, consistant en une tombe dans la chapelle appartenant à M. de Volvire, avec banc et accoudoir armoyé des armes dudit seigneur avouant du côté de l'épître et joignant ladite tombe, de plus les premières prééminences après ledit seigneur prince dans la chapelle de Crénénan avec tombe et enfeus, escabeau et accoudoir, armoyés des armes de ladite maison du Pallevar. »

Manoir de Kernanhazic.

Geoffroy de Chefdubois était veuf, en 1414, de Marguerite de Kourhin et rendit aveu cette même année au sire de Guémené pour le manoir de Knanhazic. Puis nous trouvons cette terre possédée, en 1541, par Louis Fraval, sieur de Kgrom, fils de Bastien Fraval; Louis donna Knanhazic à sa fille Perrine, épouse de Pierre de Lezongar, qui mourut en 1567, laissant son manoir à sa fille Catherine de Lezongar. Knanhazic appartenait en 1620 à François de Klouarnec, qui le vendit à Jean Le Moyne, sieur de Kourhin et de Kponer, dont la veuve le possédait encore en 1683.

Manoir de Launay.

En 1422 mourut Guillaume Le Vestle, sieur de Launay, époux de Guerderon du Fresne, dont le fils Jehan Le Vestle et sa femme Jehannette du Bot rendaient aveu, en 1463, à Louis de Rohan, pour leur manoir et herbergement de Launay. Olivier, fils de Jehan, lui succéda et mourut en mai 1497, laissant ses terres à son fils Perrot Le Vestle. Jehan Le Vestle et Gillette Le Picard, sa femme, possédaient Launay en 1539, année du décès de Jehan, et leur fils Yvon rendit aveu pour ce manoir la même année. Yvon eut deux fils : Claude qui lui succéda et mourut en 1572, laissant ses domaines à son frère Yvon. En 1621, ce manoir était possédé par Henry de Botmarch, dont la fille Claude épousa Olivier de La Roche ; leur fils, François de La Roche, mourut en 1677, laissant Launay à sa fille Anne qui épousa Joseph-Hyacinthe de Tréouret, seigneur de K'strat et Trohannet. Anne de La Roche rendit aveu, en 1747, à Julie-Louise-Gabrielle de Rohan, pour les manoirs de Launay et de K'gouraut, et mourut le 12 décembre de la même année. Son fils, Joseph-Louis de Tréouret, sieur de K'strat, Trohannet et Launay, mourut le 2 mai 1754, laissant son fils Christophe-Joseph sous la tutelle de sa femme, Hyacinthe de Robien. Christophe-Joseph de Tréouret mourut le 6 mai 1760, et sa mère rendit aveu, le 31 octobre de cette même année, au nom de ses cinq autres enfants : Jean-Marie, enseigne des vaisseaux du Roi, Joseph-Louis-Hyacinthe, Marie-Louise, Céleste-Thérèse-Josèphe et Anne-Louise-Élizabeth, tous mineurs. Jean-Marie, l'aîné, eut le manoir de Launay et vivait encore en 1777.

Manoir de Keraudren.

Cette terre appartint aux familles Esmes et de Talhoët jusqu'en 1633, époque où elle fut vendue à Julien Le Peuchant et à sa femme, Jeanne Floho ; leur fils, François Le Peuchant, la posséda ensuite, et, en 1683, elle était la propriété de Jérôme Barisy et de Perrine Sylvestre, sa femme. Elle resta dans cette famille, car, en 1730, nous la retrouvons entre les mains de Pierre-Thomas Barisy, qui mourut vers 1748, laissant sa fille Ange-Marie Barisy sous la tutelle de sa femme, Anne-Françoise Monceaux.

Manoir de Coëtlagadnoz ou Coatenoz.

Guillemette Le Meur, ou de Coëtmeur, transmit en mourant le manoir de Coëllagadnoz à son fils, Pierre Pestipon, qui était marié, en 1552, à Marguerite de Guérnarpin. Christine Pestipon, fille de Pierre, hérita de ce domaine et le porta à son second mari Georges Floho. Tous deux le vendirent à Claude de Beaucours, sieur de K'marquer, qui fut forcé de le revendre, en 1600, à Julien Le Peuchant, époux de Jeanne Floho, fille de Georges. Un acte des notaires de Guémené va nous donner l'explication de cette double vente. Cet acte dit que « le manoir de Coëtlagadnoz est venu aux mains de Julien Le Peuchant par le racquit fait au nom de demoiselle Jeanne Floho, sa femme, fille d'autre demoiselle Christine Pestipon, à qui ledit manoir anciennement appartenait, ayant été (saisi) sur ladite Pestipon, faute par elle de paiement de la somme de 277 écus en principal et frais dus à Jean Le Berre, tuteur des enfants de feu René Gatechair, en son vivant sieur de Saint-Maudé, lesquelles maisons et héritages auraient été vendus, en la cour de Guémené, à noble homme Claude de Beaucours, sieur de Kmarquer, pour icelle somme, de qui iceluy Le Peuchant les auraient racquittés.... duquel manoir ledit Le Peuchant se serait approprié par acte en date du 17 novembre 1598. » Julien Le Peuchant eut deux enfants : François Le Peuchant et une fille qui eut en partage Coëtlagadnoz et qui épousa Pierre Sylvestre dont la fille Perrine, par son mariage avec Jérôme Barisy, porta la terre de Coëtlagadnoz dans cette famille.

Manoir de Guermelin.

Cette terre appartint aux Le Vestle, sieurs de Launay, jusqu'à sa vente faite, en 1540, par Pierre Le Vestle, à Perceval Guiller. Louis Guiller, son fils, mari de Jeanne de Suasse, en vendit la moitié à Jean Le Garec, premier mari de Christine Pestipon. Cette moitié passa ensuite à Jeanne Floho, fille du second mariage de Christine Pestipon, et à Julien Le Peuchant, son mari, et il paraît que cette part revint ensuite à Louis Le Garec, fils du premier mariage de Christine Pestipon, qui le revendit à Abel Guiller vers 1613. L'autre moitié, appartenant encore à Louis Guiller, passa à ses enfants Jacques et Louis, puis au fils de l'un d'eux Abel, que nous venons de voir rentrer en possession de l'autre partie. Abel Guiller, dans son aveu de 1633, déclare « avoir une chapelle dans le droit du chœur de l'église paroissiale de Ploërdut avec ses bancs et escabeaux, joignant par le bout d'en haut à la chapelle du sieur de Kservant et à côté gauche de la chapelle de Barach, avec écussons et armoiries en ladite église et en la chapelle de Notre-Dame de Crénénan. » Il épousa Françoise Le Vestle et en eut deux fils : Louis et Perceval. Louis, l'aîné, transmit Guermelin à son fils Pierre, que nous trouvons, en 1683, sieur de Guermelin et de Fontaineper. Puis, la même année, cette maison est entre les mains de François du Pérenno, sieur de Penvern, et enfin, en 1709, elle appartenait à Thomas Jouan.

Manoir de Fontainegal.

Ce manoir était possédé, en 1521, par Guillaume Le Vestle, et, en 1540, par son fils Jehan et sa femme, Jehanne Le Correc. Ils eurent pour enfants François et Marie qui eut Fontainegal en partage et le porta en dot à Jehan Sébastien, en 1569. Leur fils, Louis Sébastien, vendit son manoir, en 1585, à Jean de Talhoët, sieur de Kservant, et il resta depuis la propriété de cette famille.

Manoir de Fontaineper.

Françoise Le Vestle transmit à sa mort ce manoir à son fils Louis Guiller, époux de Jeanne de Suasso. Son fils, Jacques Guiller, mourut en 1633, et son frère Abel, qui possédait déjà Guermelin, lui succéda. En 1683, le manoir de Fontaineper appartenait à Louis Guiller, sieur de Kvily, fils aîné d'Abel, et la famille Guiller continua à en jouir jusqu'en 1780, époque à laquelle il appartenait à Françoise Guiller, veuve de Lorans Le Moyne de Talhoët, qui eut pour héritier Toussaint-Joseph de Lausanne.

Les quatre manoirs dont nous venons de parler étaient situés dans le bourg de Ploërdut : Coëtlagadnoz vers le nord, Fontaineper vers le midi, Guermelin vers le couchant, et Fontainegal vers le levant.

Manoir de Kermapguégano.

Pierre de Kprigent pessédait ce manoir en 1472, et, près d'un siècle après, une de ses descendantes, Jehanne de Kprigent était mariée à un sieur de La Boexière dont la fille, Françoise de La Boexière, était, en 1570, l'épouse d'Yves de Léon. Kmapguégano passa ensuite à Renault de Léon, fils d'Yves, et, en 1600, cette terre se trouvait entre les mains de Charles de Kmellec, sieur du Cosquer, qui la vendit à Marie Le Bras, veuve de Jean Sylvestre et tutrice de ses deux enfants : Jean-François et Louis Sylvestre. En 1683, elle était possédée par Jérôme Barisy; enfin, en 1743, elle appartenait aux héritiers de Jacques-Hyacinthe Tilly, époux de Marie Le Goff, lequel Tilly la tenait de sa grand'-mère, Marie Morvan.

Manoir de Porzmadou.

Nous ne connaissons ce manoir que par un aveu qu'en rendit Éon Ropertz en l'année 1436.

Manoir de Kernanveleyon.

Éon Bocher et sa femme, Aliette de Baud, possédaient ce manoir dans la première moitié du XVe siècle. Éon mourut en 1450, et laissa ses biens à son fils, nommé aussi Éon, qui en rendit aveu à Jehan de Beaucours, receveur du sire de Guémené. En 1477, Knanveleyon appartenait à Henry Bennerven, sieur de Trédiec, et, en 1494, à Marguerite de Lévéno. Enfin, nous avons un aveu, daté du 23 mai 1506, baillé par Louis de Lopriac, au nom et comme tuteur d'Yvon Boscher, sieur de Knanveleyon, de Launay et du Plessix-Briand, héritier principal d'autre Yvon Boscher, son père.

Manoir de Kermarien.

Un aveu de 1479 nous apprend que Allain de Kmarien, Yvon Le Pestipon et sa femme, Marguerite de Kmarien, fille d'Allain, connaissaient tenir du sire de Guémené leur manoir et herbergement de de Kmarien, situé en la paroisse de Ploërdut. Leur fils Alain rend aveu, le 11 décembre 1506, pour la moitié « du manoir de Kmareyon, l'autre moitié appartenant à Marguerite de Kmareyon, pour tant qu'il fut acquis durant le mariage. » Allain avait épousé Guillemette Le Meur, dame de Coëtlagadnoz, et, à la mort de sa mère, il posséda en entier le manoir de Kmarien dont il fit hommage en 1530 et en 1540. Son fils, Pierre, sieur de Kmarien et de Coëtlagadnoz, était marié à Marguerite de Guernarpin et eut trois enfants : Louis Pestipon qui lui succéda, Guyon et Christine. Louis rendit aveu en 1614 et déclare que « pour cause de sa maison de Kmarien, il a deux tombes à fleur de terre avec un escabeau et accoudoir dans l'église de Ploërdut, en avant de l'autel madame sainte Catherine. » Louis Pestipon mourut sans héritiers et transmit ses domaines à son frère Guyon qui vivait en 1632. Cette terre passa ensuite dans la famille Barisy et était possédée, en 1748, par Jérôme-René Barisy.

Manoir de Kerfandol.

Pierre Lescobic, sieur de Kfandol, mourut en 1497 et fut remplacé par son fils, Guyon Lescobic, qui possédait encore ce manoir en 1540. En 1571, il était la propriété de Guillaume Lescobic, puis, en 1633, de Tristan Lescobic, enfin, en 1650, de Bertrand Lescobic. Béatrix Lescobic avait épousé René de Montlouis, et le manoir passa à son fils, Louis de Montlouis, puis à son petit-fils, Thomas-Simon de Montlouis, qui le possédait en 1711. Son histoire se confond, depuis ce temps, avec celle du manoir de Plascaër, et nous ne trouvons plus à noter qu'un passage de l'aveu d'Elizabeth de Montlouis et de ses enfants, dans lequel ils déclarent « qu'à cause de la terre et manoir de Kfandol, ils possèdent, dans l'église paroissiale de Ploërdut, deux tombes prohibitives qui joignent le balustre du grand autel du côté de l'épître, avec l'écusson des armes de la maison de Kfandol qui est un sanglier, et dans la vitre du grand autel du même côté, il y a aussi un écusson aux armes de la même maison.... Ladite dame de Pontigny, à cause de sadite terre et seigneurie de Kfandol, déclare aussi avoir dans l'église tréviale de Locuon, en Ploërdut, un banc et accoudoir qui joint le balustre du maître-autel du côté de l'épître avec un écusson dans les vitres du maître-autel et un autre dans celles de la chapelle de Saint-Alban. »

Finalement, dans la chapelle dédiée à Notre-Dame de la Fosse, audit Locuon, il y a trois écussons en bosse des armes de ladite maison de K͞andol : deux dans la longère du midi et un dans le pignon du couchant de ladite chapelle, le tout en dehors d'icelle, désignant que les seigneurs de K͞andol sont patrons et fondateurs d'icelle et premiers prééminenciers après leurs altesses nos seigneurs princes et princesses de Rohan-Guémené. »

PAROISSE DE SAINT-CARADEC-TRÉGOMEL.

Seigneurie de Kermerien.

En 1397 vivait Jean de K͞merien, dont le fils Alain rendait aveu au duc de Bretagne, en 1426, pour son manoir de K͞merien et autres biens en Saint-Caradec. En 1435, le même Alain reconnaît tenir ligement du sire de Guémené les manoirs du Stéro et de Penquesten, en Priziac. Allain mourut en mai 1441, et eut pour successeur son fils Jehan qui rendit aveu au duc la même année ; en 1481, Henry de K͞merien fils ou petit-fils de Jehan, confessait tenir ligement de Louis de Rohan, seigneur de Guémené, les manoirs du Stério et de Penquesten, et en 1495, sa fille Henriette portait les biens de K͞merien à Vincent Le Gal, dont la fille Marguerite épousa plus tard le sieur du Cranno. Depuis cette époque, l'histoire de K͞merien est la même que celle du Cranno.

Manoir du Rusquec ihuellan.

Pierre Le Bigot était propriétaire de ce manoir en 1527 ; son fils Pierre, sieur de K͞jagu et du Rusquec, rend aveu pour ce dernier domaine, en 1540, à la cour de Guémené. Il passa ensuite à Guillaume Guinemant, sieur de Penenhech, sénéchal de K͞ahès (Carhaix) par son mariage avec Marguerite Le Bigot, fils de Pierre. De ce mariage naquirent un fils et une fille : l'aîné, Guillaume, avait acquis la terre de K͞losquet, et laissa Le Rusquec en dot à sa sœur Marie qui épousa, en premières noces, Tristan Le Dimanach, sieur de K͞iergartz, et, en secondes, Hervé du Fou, sieur de Bezidel. Déjà propriétaire du Rusquec ihuellan, elle acheta, en 1613, le manoir du Rusquec izellan de Louis Hervé, et mourut sans enfants, en 1619, laissant ses propriétés à son frère qui, de la sorte, se trouvait posséder les deux Rusquec et K͞losquet. Nous retrouvons, en 1680, ces trois manoirs entre les mains d'Yves Raison, sieur de La Garde, puis, en 1722, Joseph-Marie Raison, sieur du Cleuziou, des Rusquec, de K͞losquet et autres lieux, rend aveu à Charles de Rohan pour ces propriétés à lui advenues de la succession de son père, Pierre Raison.

Manoir du Rusquec izellan.

Ce manoir appartenait, en 1529, à Charles Hervé qui en fit hommage à Louis de Rohan en 1539. Son fils, Louis Hervé, vivait en 1549, et Charles Hervé fournit aveu en 1575. Dans ce dernier aveu, le sieur du Rusquec reconnaît être sergent féodé du sire de Guémené dans la paroisse et bailliage de Saint-Caradec-Trégomel, et être tenu d'assister aux plaids de la cour de Guémené qui tiennent de huit en huit jours. Louis Hervé, fils de Charles, avait épousé, avant 1600, Guyonne de Beaucours qui lui apporta en dot le manoir de Kmarker, en Ploërdut. Aussi vendit-il, avant 1613, le Rusquec izellan à Marie Guinement, dame du Rusquec ihuellan.

Manoir de Kerlosquet.

Nous ne trouvons que peu de renseignements sur les premiers possesseurs de ce manoir dont jouissait Louis de Kmareyon (ou Kmarien) dans la première moitié du XVIe siècle. A la fin de ce siècle, il était la propriété de Louis Huby, dont la fille Marie était, en 1611, la femme de Michel Gazel, conseiller du Roi au parlement de Bretagne. Il fut vendu probablement vers ce temps à Guillaume Guinement, sieur du Rusquec ihuellan.

Manoir du Plessix-Poulhazre.

Ce manoir, possédé en 1396 par Roland Poulhazre; en 1495, par Charles Poulhazre, et en 1540, par Jehan Poulhazre, devint ensuite la propriété des seigneurs de Kmerien.

Manoir de Menguen.

Ce manoir, situé au bourg de Saint-Caradec-Trégomel, appartenait aux seigneurs de Kmerien.

Manoir du Plessix-Briand.

Louis de Kguesangor, tuteur de Hervé de Kguesangor, sieur de la Ville-Audren, du Lanic, de la Ville-Quellec et du Plessix-Briand, rend aveu en 1540, à la cour de Guémené, pour les terres du Plessix-Briand et de Guer-er-roch. La fille de Hervé, Catherine de Kguesangor, était mariée, en 1573, à Jehan de Kgerlay, et rend hommage pour le Plessix-Briand, Guernanroch et Portzanroux; de plus elle déclare avoir basse et moyenne justice. En 1613, ce manoir est la propriété de Abel Gouiquet, sieur de Trédanel, puis de Christophe Gouiquet, dont hérite son frère, Jacques Gouiquet, sieur de Bocozel. Louise de Robien, dame douairière de Bocozel, et veuve de Jacques Gouiquet, fournit aveu en 1638 au nom de ses enfants, et l'un d'eux, Jacques, possédait le Plessix en 1646. Vingt-trois ans plus tard, Françoise Pezron, veuve de Jean-Baptiste de Gouiquet, rendait aveu à Guémené, et les traces des propriétaires du Plessix-Briand se perdent jusqu'à l'année 1789, qui nous fournit un aveu de Jacques-Guillaume, seigneur, chef de nom et d'armes, Gouiquet, sieur de Bocozel, Lannogard, Le Frezy, Le Plessix et autres lieux; faisant tant pour lui que pour sa sœur, Marie-Josèphe-Perrine Gouiquet, épouse de Charles-Nicolas du Bois-Guéhenneuc, chevalier, seigneur de Tremebrit et de La Forest.

PAROISSE DE PLOURAY.

Manoir de Restromar.

Restromar appartenait, en 1510, à Eustache Le Trancher; un de ses descendants, Tanguy Le Trancher, marié à Catherine du Rest, transmit le manoir à son fils Jacques Le Trancher, qui rendit aveu en 1632, comme sire du Bodeno et de Restromar. A cette époque, une autre branche de la famille Le Trancher se déclara propriétaire de Restromar et fit un procès pour être mise en possession de cette propriété, ce qui rend l'histoire de ce manoir très difficile à suivre. Toujours est-il qu'en 1695, Anne Le Trancher, femme de Jacques-Louis Raoul était en possession de Restromar, qui, en 1766, appartenait à Charles-Pierre de Robien, sieur de la Boulaye, mari de Françoise Le Trancher.

Manoir de Penguily.

Ce manoir relevait en juveigneurie de celui du Dréorz, et appartenait, en 1449, à Allain Le Scauf, qui rendait aveu à Charles Le Scauff, sieur du Dréorz. Allain Le Scauf avait épousé Thomasse de Kourhin, et Jean, leur fils, posséda Penguilly après eux. En 1532, ce manoir était la propriété de Vincent Le Scauff qui rend aveu en 1540 et qui mourut vers 1560, laissant un fils, Alain, et une fille, Louise, mariée à Jean Le Grant. Celui-ci recueillit l'héritage de son beau-frère, et laissa Penguilly à sa fille Marie Le Grant dont il était tuteur en 1571. Guillaume du Bahuno, sieur de Kdisson, Bérien et Penguilly, tenait ce dernier manoir en 1646; son fils, François, épousa Anne de la Coudraye qui rendit aveu en 1669. Vingt-six ans plus tard, Penguilly appartenait à Jacques du Boétié, sieur de Korguen, et à l'époque de la révolution il était entre les mains d'un du Boétié de Korguen, sieur de Quellenec.

Manoir de Cornouet.

Ce manoir, qui appartenait dans le XVIe siècle à la famille Fraval, passa aux sieurs de Coëtanfao, et a la même histoire que ce dernier.

Manoir de Saint-Noay.

Jehan de Saint-Noay et Catherine Loes tenaient ce manoir en 1526; Catherine Loes fournit aveu en 1540 au nom et comme tutrice de Pierre de Saint-Noay, son fils aîné. Celui-ci épousa Françoise de Botmarch qui, étant devenue veuve, rendit aveu, en 1564, au nom de son fils, Jean de Saint-Noay. Plus tard, en 1634, nous trouvons un autre Jean de Saint-Noay qui, dans un aveu au prince de Guémené, déclare qu'il existe, « en la maîtresse vitre de l'église de Plouray, deux écussons qui sont d'argent à deux sangliers de sable, des deux côtés du pilier du milieu qui soutient la fermure de ladite vitre, au-dessous des écussons dudit seigneur prince, et deux grandes tombes à fleur de terre armoyées dudit sanglier en bosse, dans le chœur, vis-à-vis du sanctuaire, du côté de l'évangile. »

Un autre Jean de Saint-Noay, qui avait épousé Louise du Bois, vivait en 1581 et eut deux filles : Mathurine, l'aînée, épousa N..... du Bac, et eut un fils que les titres appellent Anonyme du Bac; celui-ci recueillit l'héritage de sa tante Jehanne de Saint-Noay, qui avait épousé un sieur de la Bourdonnaye. Le manoir de Saint-Noay fut possédé dans la suite par François-Barthélemy Jégou, qui mourut en 1745, laissant son héritage à son fils, Marie-Michel Jégou.

Manoir de Limerho.

Cette terre était possédée, en 1646, par Louis de Rosmordreuc, dont la fille, Perrine, épousa Charles de la Chapelle, sieur de Guerroué; ils eurent trois enfants : Louis de la Chapelle, sieur de Limerho, qui épousa Julienne Le Feubvre, Jean-Raoul et Jeanne-Rose de la Chapelle. L'aînée eut une fille nommée Catherine, qui vendit Limerho aux deux frères Yves et Joseph Le Lérnec; mais, quoique l'ancien manoir ne fût plus qu'une ruine, Limerho étant une terre noble fut retiré, par retrait féodal, par François-Anne Louvart, sieur de Pontigny et Marie-Elizabeth de Montlouis.

Manoir de Kersoulou.

Le manoir de Ksoulou appartenait aux seigneurs de Penguilly.

Manoir du Goullo.

Pierre et Yvon Nycolas rendaient aveu pour ce manoir le 21 avril 1540, au sire de Guémené. Marguerite, fille de l'un d'eux, était mariée, en 1552, à Henry Ropertz. En 1613, Yves Olymant, sieur du Goullo, vend cette propriété à sa sœur, Guyonne Olymant, épouse de Gilles Hervé; leur fils, René Hervé, vivait en 1646, et à la fin du XVIIe siècle, René-Louis de Toulbodo, sieur de Guidfos, possédait ce manoir.

Manoir de Guidfos.

Ce manoir appartint, pendant le XVIe et le XVIIe siècles, à la famille de Toulbodo, représentée par Perrot de Toulbodo en 1506, Vincent en 1540 et 1577, René en 1646, et René-Louis en 1695.

Manoir de Kerroch.

La terre de Kroch appartenait, à la fin du XVIIe siècle, aux Talhoët de Sévérac.

Manoir de Kergadelan.

Nous ne connaissons ce manoir que par un aveu de Pierre Le Bahezre, sieur de Kuhel, en 1695.

Manoir de Kervéno.

Yvon de Kourhin rendit aveu en 1540 pour le manoir de Kguénou. Ce manoir appartenait, en 1570, à Pierre Le Bahezre qui mourut deux ou trois ans après ainsi que son fils nommé aussi Pierre, puisque nous trouvons, en 1574, Béatrice Thépault, veuve de Pierre l'aîné, tutrice de ses deux petits-enfants : Pierre-Louis et Catherine. Pierre Le Bahezre et Béatrice Thépault avaient eu deux autres fils : Jean, sieur du Gollou, et Vincent. Pierre-Louis Le Bahezre rendit aveu en 1613 et mourut sans enfants. Son héritage passa à son cousin Michel Olymant dont la veuve, Margillie Guillaume, fournit aveu pour Kvéno en 1638. Ce Michel Olymant était fils d'un autre Michel Olymant qui avait épousé une fille de Jean ou de Vincent Le Bahezre. Nous n'avons pu trouver la suite des possesseurs de Kvéno jusqu'en l'année 1695 où ce manoir appartenait à Jean-René-François-Almaric de Bréhan, comte de Moron, et en 1733, année de la mort de Toussaint-Maurice Le Bigot, comte de Neubourg, qui laissa Kvéno à son gendre, Joseph Raison, sieur de la Ville-Basse, par représentation de son épouse décédée, Marie-Louise Le Bigot. En 1753, le manoir de Kvéno passa à Agathe Raison, femme de Pierre-Marie Le Veneur, sieur de la Ville-Chapron, Kvéno, Le Bouillen et la Ville-Dely ; Agathe Raison mourut en 1748 ; son mari posséda Kvéno après elle et en rendit aveu en 1788.

Manoir de Cohinac.

Cohinac, anciennement Carvignac, appartenait, en 1538, à Jehan de Kourhin ; en 1571, à Marc Caric, sieur de la Porte et de Stanguen ; en 1646, à Jean de Kaly, et en 1695, au sieur de la Boulaye-Robien.

Manoir de Stanguen.

Nous ne connaissons cette petite terre que par les aveux de Jean de Saint-Noay, en 1528 et 1541 ; Louis Le Flo, en 1549, et Marc Caric, en 1571.

PAROISSE DE MELLIONNEC.

Manoir du Poul.

Marguerite de la Haye, veuve de Louis de Mur, rend hommage en 1546, comme tutrice de son fils, Jehan de Mur, qui mourut en 1552, époque à laquelle sa veuve, Catherine Loes, fournissait aveu au nom de son fils aîné, Henry. Celui-ci vivait encore en 1587, et un de ses descendants, Pierre de Mur, laissa le Poul, en 1613, à sa sœur, Marguerite, femme de Thébaut Raoul, sieur de Kmapjégou. En 1628, dans un aveu rendu à la cour de Guémené, le sieur du Poul déclare qu'il a « un écusson dans l'église paroissiale de Mellionnec, dans la vitre du côté de l'évangile, au second soufflet, ayant de gueules à un demi-croissant et une rosette et demie d'argent, allié d'azur à une croix dentelée d'or, avec un canton de gueules à 4 macles d'or, qui sont les armes des prédécesseurs paternels dudit sieur du Poul, avec l'alliance de ladite demoiselle du Poul (Marguerite de Mur) et ses prédécesseurs paternels portant le surnom de de Mur. Il y a encore un autre écusson dans l'église paroissiale de Mellionnec, à la maîtresse vitre, au troisième soufflet, vers l'épître ; parti d'or à un frêne de sinople allié à une croix dentelée d'or qui sont les armes des anciens seigneurs de Restrouallan, qui portaient le surnom de du Fresne de laquelle maison le frère aîné dudit sieur du Poul est à présent seigneur. »

Marguerite de Mur, veuve en 1642, rend aveu au nom de son fils, Louis Raoul dont la veuve, Marie Le Lart, fait hommage en 1663. En 1706, Jacques Raoul était maître du Poul, et cette propriété passa par héritage entre les mains de Charles-Pierre de Robien, seigneur de Pontlo. Il mourut en 1765, et un de ses parents, François-Gabriël de Robien, rend aveu la même année au nom de René de Robien, fils mineur de Charles-Pierre. Enfin, en 1771, René-Gabriël de Robien, sieur de Pontlo et du Poul, rend aveu à la cour de Guémené.

Manoir de Resombleles.

Ce manoir appartenait à Nicolas Lemay et à Catherine de Lochrist, sa femme, qui le vendirent, en 1570, à Jean Gatechair. En 1646, il était la propriété du sieur de Villeneuve-Lochrist.

Seigneurie de Trégarantec.

Louise de la Forêt, dame de K'manant, rend aveu en 1539 pour la terre de Trégarantec, et meurt en 1551, laissant ses propriétés à son petit-fils Maurice, sieur de K'manant, Bruillard, Saint-Plue, Lesquellen, Penanguenech, La Forest, Campson et Trégarantec. Charles de Maillé, propriétaire de Trégarantec, en 1620, vend ce domaine à Yves, sieur de la Tour, qui le cède, en 1622, à Pierre de Perrien et à Hélène Urvoy, sa femme, sieur et dame de la Ville-Chevalier. Louis de Perrien, fils de Pierre, possédait Trégarantec en 1663, et, en 1680, ce manoir était entre les mains de René Jégou. Son fils, François-René Jégou, sieur de Paule et de Trégarantec, mourut en 1721, laissant ses terres à son héritier, François-Barthélemy Jégou, sieur du Laz, époux de Marie-Thérèse de Kloaguen. Il devint acquéreur de Saint-Noay en 1744, et mourut l'année suivante ; son fils, Michel-Marie Jégou, rendit aveu le 15 juillet 1751.

Manoir de Kergouraut.

Alliette Hervé, veuve de Guillaume de Saint-Noay, rendit aveu, en 1564, pour parvenir au rachat de ce manoir « sans préjudicier, ajoute l'aveu, au droit de douaire qui appartient à ladite Hervé èsdites choses, par avoir mis le pied au lit de sondit feu mari, dont elle fait expresse réservation pour jouir d'un tiers desdites rentes. »

Un autre Guillaume de Saint-Noay fournit aveu en la cour de Guémené le 10 août 1613, et nous le trouvons, en 1624, marié à Françoise de Mur. En 1633, vivaient François de Saint-Noay, sieur de Kgouraut, et sa femme, Fiacre Gouiquet, qui était veuve en 1630. Un de ses descendants, nommé aussi François, possédait Kgouraut au commencement du XVIII° siècle et sa veuve, Françoise Guéguen, étant morte en 1747, Kgouraut passa, par héritage collatéral, à Anne de la Roche, veuve de Joseph-Hyacinthe de Tréouret, sieur de Launay. Son fils, Louis de Tréouret, mourut en 1760, et la veuve de celui-ci, Hyacinthe de Robien, rendit aveu, cette même année, au prince de Guémené.

Manoir de Kerhelegouarh.

Ce manoir, après avoir appartenu, en 1560, à Louis du Fossé, était, en 1742, entre les mains de François de Lantivy dont la fille, Angélique-Marie-Anne, épousa Charles-François de Carné. Leur fils, Louis-Marie, comte de Carné, vicomte de Coëtquenan, seigneur du Pont Kjar, du Ster et de Khelegouarh, épousa Emmanuelle-Claude-Suzanne de Bullion, qui rendit aveu en 1783 au nom de ses deux fils : Louis-Charles et Ambroise-Marie de Carné.

PAROISSE DE PLOUGUERNEVEL.

Manoir de Restrouallan.

Pierre Le Fresne, dans son aveu de 1436, se reconnaît possesseur du manoir de Restrouallan où il demeure et de ceux de Staneboche et de Kaulvet. Il eut pour successeurs Guillaume Le Fresne et François Le Fresne, fils de Jeanne Lezongar. François Le Fresne, qui vivait en 1566, transmit Restrouallan à sa fille, Marguerite, qui épousa Thébaut Raoul. Nous trouvons ensuite une Marie Le Fresne, femme de Jean Raoul dont la fille Catherine épousa Charles de Bréhan, sieur de Coëtquellan, Krio, Restovarch, etc. Leur fille, Jeanne de Bréhan, était, en 1646, mariée au sieur de Kvil, ou de Kmir, et l'aveu d'Anne de Rohan, princesse de Guémené, nous dit que le manoir de Restrouallan appartenait à François Le Cardinal, sieur de Kmir ; celui-ci vivait encore en 1700.

Manoir du Cosquer.

Jean Huby était seigneur du Cosquer en 1485 ; en 1548, Louis de Penpoullo et Catherine Toumoel, sa femme, rendent aveu pour le Cosquer, qui passa, en 1573, à François Bobille, sieur de Campostal. Son fils, Tanguy, en rendit aveu le 28 octobre 1613, et fut remplacé, en 1626, par Jean Bobille et Marie de Mur qui vivaient encore vers 1673, époque à laquelle le Cosquer appartenait à François Bobille.

Manoir de Kerdeven.

Ce manoir appartenait, en 1540, à Henry de Quenechquivillic; quelques années plus tard, Plezon de Mur en rendait aveu au nom de son fils, Jean de Quenechquivillic à qui succédait, en 1575, Tanguy de Quenechquivillic. K'deven était possédé, en 1640, par François Le Bouteiller, sieur de Saint-Pretan, et Marie de Coëtlogon.

Manoir de Kerjacob.

Pierre Raoul, sieur de K'jacob, mourut en 1545, laissant ses biens à son fils Jean Raoul, sieur de La Villeneuve, mari de Catherine Drouallan, qui rendit aveu en 1553, et dont la fille, Françoise Raoul, épousa, vers 1613, François du Halgouet, sieur de K'belfin. Nous trouvons la terre de K'jacob possédée, en 1634, par Vincent Girault et Françoise Le Dilly, qui, six ans plus tard, cédèrent leur manoir à Lorans Le Finement, sieur d'Angecourt; celui-ci mourut vers 1662, laissant ses héritages à sa fille Anne de Finement, épouse de Jean Morgan. Ceux-ci vendirent K'jacob à missire Maurice Picot, prêtre, bachelier en théologie, recteur de Plouguernevel, déjà possesseur de la maison noble de K'philippes, où il venait de fonder un séminaire avec l'assentiment de l'évêque de Cornouaille.

Manoir de Kergorno.

Ce manoir ne nous est connu que par un aveu rendu en 1664 par Marguerite de Visdelou, dame douairière de La Ville-Geoffroy, veuve de Philippe Boterel, propriétaire de la terre et seigneurie de K'scouadec et K'gorno.

Seigneurie de Coëtbuzal et de Porzansal.

René de K'lec possédait Coëtbuzal ou Coëtbual, en 1548; en 1553, François de Lesmaec, docteur en droit, sieur de K'odern, bailli de Léon, déclare dans son aveu que « à cause de la terre et seigneurie de Coëtbual, il a cour et juridiction haute, basse et moyenne, auditoire et lieu tribunal et ceps au bourg de Plouguernevel, armoyé de ses armes, justice patibulaire, armes, armoiries, écussons en la grande vitre de l'église paroissiale de Plouguernevel. »

Le 2 septembre 1561, Anne de K'lec, dame de Tronjoly, Coëtbual et K'morvan, rend aveu, en la cour de Saint-Renan et du Châtel, et la terre de Coëtbuzal appartenait, en 1603, à Claude Barbier, sieur de Lescoët, puis, en 1613, à Yvon Pappe qui déclare dans son aveu que, outre les prérogatives relatées dans celui de François de Lesmaec, il a, en l'église de Plouguernevel, « tombes et enfeus o leurs bancs, escabeaux et accoudoirs contre le grand autel, du côté de l'évangile. » Cette terre passa, vers 1656, à Pierre Picot, sieur de Longchamps, puis, en 1680, à Maurice Picot, son fils, qui la transmit à Maurice-Jérôme Picot. Celui-ci était frère de Maurice Picot, sieur de Kphilippes et recteur de Plouguernevel, et il légua Coëtbuzal à son fils Claude-Maurice Picot, qui épousa Olive Le Chapponnier. De ce mariage naquirent Charles-Marie Picot, sieur de Coëtbuzal, de Bourré et de K'manach, et quatre filles qui vivaient encore en 1790. Charles-Marie Picaud, dans l'aveu qu'il rend cette année même, possédait, outre Coëtbuzal, les manoirs de Kphilippes, de Tronjoly, de K'gorrec et de K'gomar.

Manoir de Kermapjégou.

Ce manoir, qui appartenait, en 1561, à Guillaume Leslen, passa en 1570 à Guillaume de Lesnel, puis en 1613 à Catherine Raoul, fille de Jean Raoul, et en 1632 à Thébaut Raoul, sieur du Poul, époux de Marguerite de Mur, dont naquit Louis Raoul, sieur du Poul et de K'mapjégou.

Manoir de Launay.

Ce domaine était possédé en 1646 par Tanguy Guiller, sieur de K'iergartz, puis par son fils, Étienne Guiller. En 1667, il appartenait à Jean Naignou.

Manoir de La Villeneuve-Marigo.

Cette terre noble, après avoir été entre les mains de Jehan Raoul, sieur de K'jacob, et de sa femme, Catherine Drouallan, en 1570, fut achetée par Yves Le Nezon. Nous la trouvons, en 1719, possédée par Jacques Caillebot, petit-fils d'Yves Le Nezon, et par sa femme Jeanne Le Du, puis, en 1730, par leur fils Louis Caillebot. Enfin, en 1779, elle appartenait à Guillaume Morvan et à Marguerite Le Moing, qui mourut cette année en laissant deux enfants : Guillaume Morvan et Catherine Morvan, femme d'Yves Le Floury.

Manoir de Kergomar.

Tanguy de Quenechquivillic, sieur de K'deven et de K'gomar, laissa cette dernière terre à sa fille Françoise qui épousa Antoine des Brosses, sieur dudit lieu et de Toulmain. En 1640, ce domaine était entre les mains de Jérôme Guiller, sieur de K'iolet, puis, quarante ans après, il était possédé par Gilles de Boisgelin, sieur de K'du. En 1756, Claude de Boisgelin, sieur de K'du et de La Ville-Balin, rendait aveu pour K'gomar; enfin, en 1790, le manoir appartenait à Charles-Marie Picot, sieur de Coëtbuzal.

ARMOIRIES.

ALENO, sieur de Ksalic. — D'argent à 3 hures de sanglier de sable, arrachées de gueules. (Pol de Courcy.)

LE BAHEZRE, sieur de Kvéno, de Kgadelan, de Kuhel. — D'argent au lion de gueules, armé et lampassé de sable. (P. de C.)

BARACH, maison noble. — Écartelé d'or et d'azur. (P. de C.)

BARISY, sieur de Kaudren, de Coatenic, de Coëtlagadnoz, de Kmapguégano, de Kmarien. — De....

DE BAUD, sieur de Kmerien. — D'azur à 10 billettes d'or 4 3 2 1. (P. de C.)

DE BEAUCOURS, sieur du Cosquer, de Kourhin, de Kmarquer. — De....

BERTHOU, sieur des Fontaines, de Tronscorff, de Kgrom. — D'or à l'épervier de sable, la tête contournée, tenant en sa patte dextre un rameau de sinople, accompagné de 3 molettes de sable. (P. de C.)

BOBILLE, sieur de Campostal, de Crénarz, du Cosquer. — De....

DE CADILLAC, sieur de Menauray. — De....

CARADEC, sieur de Plascaër. — De....

COETANFAO, maison noble. — Parti au 1 d'azur à une fleur-de-lys d'or accompagnée en pointe de 2 mâcles de même, au 2 échiqueté d'or et de gueules. (Arch.)

COETCODU, maison noble. — D'argent à 3 croissants de gueules. (P. de C.)

DE COETEVEN, sieur du Suillado, de Quenquiseven. — De....

DE COSNOAL, sieur de Saint-Georges, de Kmérien, du Cranno. — D'azur à 3 chevrons d'or. (P. de C.)

LE COURHIN, sieur de Kduel, de Klen, de Kfloch. — De....

LE COSQUER, maison noble. — D'or au sanglier de sable (P. de C.)

CREMENEC, maison noble. — D'argent à 3 pommes de pin d'azur. (P. de C.)

LE DOULCE, sieur de Corargant. — D'argent à la croix de sable. (P. de C.)

DRÉORZ, maison noble. — De sable à la croix engreslée d'argent. (P. de C.)

ESMES, sieur de Kservant, de Cremenec, de Lisleho. — De gueules à 6 billettes d'argent 3 2 1. (P. de C.)

FOURNOIR, sieur de Barach, du Quélennec, du Stang. — D'azur à 3 coquilles d'or. (P. de C.)

FRAVAL, sieur de Kgrom, de Kgariou, de Crenihuel, de Knanhazic, de Cornouet. — De gueules à la croix engreslée d'argent. (G. le B.)

DU FRESNAY, sieur de Coëtcodu, de Klen, de Kfloch. — De vair au croissant de gueules. (G. le B.)

LE FRESNE, sieur de Restrouallan. — D'or au frêne arraché de sinople. (P. de C.)

Le Gall, sieur du Cunflou, de Pallevar, de Menauray, de Crenarz, de Ménézanbec. — D'argent au lion de gueules, armé et lampassé d'or, 2 fasces d'or brochant sur le tout. (Arch.)

Le Garec, sieur de Kourhin, de Guermelin. — De....

de Goesbriant, sieur de Crenarz. — D'azur à la fasce d'or. (P. de C.)

Gouiquet, sieur du Plessix-Briand, de Bocozel. — D'azur à la croix engreslée d'argent, cantonnée de 4 roses de même; *alias* d'argent à une croix pâtée, mi-partie de gueules et d'azur, cantonnée de 4 mâcles de gueules. (P. de C.)

Le Gouvello, sieur du Coscrau. — D'argent au fer de mulet de gueules, accompagné de 3 molettes de même. (P. de C.)

Guermeur, maison noble. — De gueules à 3 lozanges d'argent rangés et accolés en fasce, accompagnés de 6 annelets de même, 3 en chef et 3 en pointe 2 1. (P. de C.)

de Guernarpin, sieur dudit lieu, du Cosquer. — D'argent à 3 chevrons de gueules. (G. le B.)

Guiller, sieur de Guermelin, de Fontaineper, de Launay, de Kiergartz, de Kgomar. — De gueules au lion d'or; *alias* d'or à la salamandre de sable, vomissant des flammes de gueules (P. de C.); *alias* de sable à une salamandre d'argent, jetant des flammes de gueules. (G. le B.)

Hervé, sieur du Rusquec, de Kmarquer. — D'azur à la fasce d'argent chargée de 4 hermines, accompagnée de 4 mâcles d'or en chef et de 3 en pointe 2 1. (Arch. 1677.)

du Houlle, sieur dudit lieu, de Tronscorff, de Kropert. — D'azur à la croix engreslée d'argent. (P. de C.)

Jégado, sieur de Kgariou. — De gueules au lion d'argent armé et lampassé de sable. (P. de C.)

Jégou, sieur du Dréorz, de Saint-Noay, de Trégarantec. — D'argent au huchet de sable accompagné de 3 bannières d'azur chargées d'une croisette pommetée d'or. (P. de C.)

Kfandof, maison noble. — De.... à un sanglier de.... (Arch.)

de Kgoet, sieur dudit lieu, de Mindrouch, de Bresserien, de Carval, de Koual, de Ksoulou. — D'argent à 5 fusées de gueules rangées et accolées, accompagnées en chef de 4 roses de même.

de Kméno, sieur du Cranno, de Kmerien. — De gueules à 3 mâcles d'argent. (P. de C.)

de Kmerien, sieur dudit lieu, du Stéro, de Penquesten. — D'or à 3 chevrons d'azur. (G. le B.)

de Khoent, sieur de Coëtanfao, de Crenihuel. — Lozangé d'argent et de sable. (G. le B.)

de Koual, sieur de Ménézanbec. — D'or à 3 coquilles de gueules. (G. le B.)

de Kouallan (anciennement Dando), sieur dudit lieu, de Barach, de la Villeneuve. — D'azur à 3 pommes de pin d'or. (P. de C.)

DE KOURHIN, sieur de Kmartin, de Kfloch, de Kvéno, de Cohinac. — De.......

DE KRIEC, sieur de Coëtanfao. — D'azur à la fleur-de-lys d'or, côtoyée en pointe de 2 mâcles de même. (P. de C.)

DE LANTIVY, sieur du Coscrau, de Kgrom, de Khelegouarh. — De gueules à l'épée d'argent en pal, la pointe en bas; *alias* d'argent à 5 burelles de gueules (P. de C.); *alias*, d'azur à 8 billettes d'or 3 2 2 1, au franc-canton de gueules chargé d'une épée d'argent en pal, la pointe en bas. (G. le B.)

LE LART, sieur du Roz. — De gueules semé de billettes d'argent. (P. de C.)

LESCOBIC, sieur de Kfandol. — De.......

DE LEZONGAR, sieur de Kgrom, de Kmeur, de Guernarpin, de Knanhazic. — D'azur à la croix d'or cantonnée à dextre d'une fleur-de-lys de même. (P. de C.)

DE LOPRIAC, sieur de Koual. — De sable au chef d'argent chargé de 3 coquilles de gueules. (G. le B.)

LOUVART, sieur de Pontigny, du Pou, de Plascaër, de Kfandol, de Limerho. — De.......

DE MONTLOUIS, sieur du Plascaër, de Kfandol. — D'azur à 3 chevrons d'or accompagnés en chef de 3 fleurs-de-lys de même. (P. de C.)

LE MOYNE, sieur de Talhoët, de Barach, de Kourhin, de Knanhazic. — D'argent à 3 merlettes de sable, au chef de gueules chargé de 3 besants d'argent. (P. de C.)

DE MUR, sieur du Poul. — D'argent à la croix engreslée d'or (arch.); *alias* d'azur à la croix d'argent frettée de gueules, au franc canton d'argent chargé d'une fleur-de-lys d'azur. (P. de C.)

DU PARC, sieur de Locmaria-Longueville. — D'argent à 3 jumelles de gueules. (P. de C.)

DU PÉRENNO, sieur de Kduel, de Guermelin, du Suillado, de Coëtcodu, de Menezmorvan, de Penanguen, de Kbleterien, de Kfloch. — D'azur à 3 poires, les pieds en haut, avec leurs feuilles d'or, une fleur-de-lys de même en abyme. (P. de C.)

PESTIPON, sieur de Coëtlagadnoz, de Kmarien. — De.......

DE PESTIVIEN, sieur de Koual. — Vairé d'argent et de sable. (P. de C.)

LE PEUCHANT, sieur de Kaudren, de Coëtlagadnoz, de Guermelin. — De.......

PICOT, sieur de Coëtbuzal, de Porzansal, de Kjacob, de Kphilippes, de Kgomar. — D'argent fretté de gueules, au chef de même chargé de 3 trèfles d'or. (P. de C.)

DU PLESSIX, sieur de Kgrom, de Kgariou. — De.......

DE QUENECHQUAN, sieur de Crenarz, de Penhaer. — De.......

DE QUENECHQUIVILLIC, sieur de Kdeven, de Kgomar. — De sable à 3 défenses de sanglier d'argent. (P. de C.)

RAISON, sieur du Cleuziou, de Rusquec, de Klosquet. — D'hermines à 3 annelets de sable. (P. de C.)

RAOUL, sieur de K͞mapjégou, du Poul, de K͞jacob. — De gueules à un croissant d'argent accompagné de 3 roses de même. (Arch.)

DE ROBIEN, sieur de la Boulaye, du Poul, de Restremar, de Cohinac. — D'azur à 10 billettes d'argent 4 3 2 1 ; *alias*, d'azur à 6 coquilles d'argent. (P. de C.)

DE LA ROCHE, sieur de Launay. — De sable semé de billettes d'argent, la première en chef chargée d'une hermine de sable au lion morné d'argent sur le tout. (P. de C.)

ROUXEL, sieur du Cranno, de K͞merien, du Stang, de Stéro, de Penquesten, de Restergant. — D'argent au chef de sable chargé de 3 quintefeuilles d'argent. (Arch.)

LE RUMAIN, maison noble. — D'or à 5 fusées de gueules accolées en fasce. (Arch.)

DE SAINT-NOAY, sieur dudit lieu, de K͞gouraut, de Stanguen. — D'argent au sanglier passant de sable. (P. de C.)

LE SCAUFF, sieur du Dréorz, de Penguilly. — D'azur à 3 glands d'or, les coques d'argent. (G. le B.)

DE SUASSE, sieur de Correc. — D'argent au chevron brisé de gueules cantonné de 5 pommes de pin d'or, 3 2, et accompagné en pointe d'un arbre arraché de sinople, le tronc chargé d'un loup passant de sable. (P. de C.)

SYLVESTRE, sieur de Coëtlagadnoz, de K͞mapguégano. — D'argent à l'orle de 6 croisettes recroisetées d'azur, à l'écu en abîme de gueules chargé d'un croissant d'argent. (P. d. C.)

DE TALHOET, sieur de K͞servant, de Lisleho, de Crémenec, du Dréorz, de K͞audren, de Fontainegal. — D'or au chef de sable. (G. le B.)

DE TALHOET, sieur de Sévérac, de K͞minizic, de Roscario, de K͞martin, de K͞roch. — D'argent à 3 pommes de pin versées de gueules. (P. de C.)

DE TOULBODO, sieur dudit lieu, de Guidfos, du Goullo. — D'or semé de feuilles de houx de sinople. (P. de C.)

LE TRANCHER, sieur de Restromar. — D'or au croissant de gueules, accompagné de 3 étoiles de même. (P. de C.)

DE TRÉOURET, sieur de Launay, de Penanguen, de K͞gouraut. — D'argent au sanglier de sable en furie, ayant la lumière et la défense d'argent. (P. de C.)

TUAULT, sieur de Pallevar, du Pou, de Penderf, de K͞lagadec. — De....

LE VESTLE, sieur de Launay, de Goasfourmant, de K͞marquer, de Guermelin, de Fontainegal. — De.......

LE VICOMTE, sieur du Rumain, de K͞duel, de Coëtcodu, de Coëtanfao, de Crenihuel. — D'azur au croissant d'or. (P. de C.)

LE VOYER, sieur de Barach. — D'argent à une quintefeuille de sinople. (P. de C.)

TABLE ALPHABÉTIQUE

DES

SEIGNEURIES ET MANOIRS.

Barach	26	Kbarilier	28
Barazoez	19	Kbleterien	13
Boteren	24	Kdeven	41
Bresserien	22	Kduel	9
Carval	23	Kfandol	33
Coatenic	4	Kfloch	23
Coëtanfao	16	Kgadelan	38
Coëtbugat	41	Kganno	24
Coëtcodu	16	Kgariou	10
Coëtlagadnoz	30	Kgoët	20
Cohinac	38	Kgomar	42
Corargant	26	Kgorno	41
Cornouet	36	Kgouraut	40
Coscrau	8	Kgrom	11
Cozquer (Lignol)	12	Kguézennec	16
Cozquer (Plouguernevel)	40	Khélegouarch	40
Cranno	5	Kjacob	41
Crémenec	23	Klagadec	28
Crenarz	15	Klen	23
Crenihuel	13	Klosquet	35
Deran	24	Kmapguégano	32
Dréorz	21	Kmapjégou	42
Fontainegal	31	Kmarquer	27
Fontaineper	32	Kmartin	24
Goësfourmant	19	Kmarien	33
Goullo	37	Kmerien	34
Guermelin	31	Kmeur	24
Guernarpin	28	Kminizic	24
Guidfoz	37	Knanhazic	20
Houazinat	24	Knanveleyon	32
Kallain	16	Kohel	24
Karzur	24	Koual	21
Kaudren	30	Kouallan	10

Kourhin	27	Plessis-Poulhazre	35
Kprigent	19	Plousquen	24
Kroch	37	Porzansal	41
Ksalic	25	Porzmadou	32
Kserf	15	Pou	12
Kservant	28	Poul	38
Ksoulou	37	Poulhazre	25
Kvéno	38	Praternel	16
Kverner	9	Quenquiseven	10
Launay (Ploërdut)	29	Resaubleies	39
Launay (Plouguernevel)	42	Rest	19
Limerho	37	Restergant	26
Lisleho	23	Restromar	36
Locmaria-Longueville	4	Restrouallan	40
Menauray	2	Roscario	24
Ménézanbec (Lignol)	9	Rusquec	34
Ménézanbec (Persquen)	24	Saint-Nenec	0
Ménezmorvan	11	Saint-Noay	36
Menguen	35	Sainte-Christine	4
Mindrouch	23	Stang (Ploërdut)	29
Pallevar	20	Stang (Persquen)	24
Paradis	10	Stanguen	38
Penanguen	24	Stéro	22
Penderf	11	Suillado	24
Penguilly	36	Toulbodo	4
Penhaër (Locmalo)	4	Trégarantec	39
Penhaër (Saint-Tugdual)	25	Trehonleau	24
Penquesten	22	Troelan	0
Pentrifos	9	Troscorf	18
Plascaër	22	Villeneuve (Lignol)	9
Plessix	19	Villeneuve (Prizlac)	20
Plessix-Briand	35	Villeneuve-Marigo	42

www.ingramcontent.com/pod-product-compliance
Lightning Source LLC
LaVergne TN
LVHW022208080426
835511LV00008B/1637